Maître des ventes sur LinkedIn : débloquer des prospects rentables et dominer le marché mondial

Par

Prasenjit Sarkar

Introduction

Dans le paysage commercial interconnecté et en évolution rapide d'aujourd'hui, exploiter la puissance des plateformes de médias sociaux est primordial pour réussir. Parmi ces plates-formes, LinkedIn se dresse comme la plaque tournante ultime pour les professionnels qui cherchent à étendre leurs réseaux, à établir des connexions lucratives et à générer une croissance commerciale substantielle. Dans son livre révolutionnaire, **"Maîtrise des ventes LinkedIn : débloquer des prospects rentables et dominer le marché mondial,"** auteur et expert en vente, M. Prasenjit Sarkar, dévoile un guide complet pour maximiser le potentiel de LinkedIn en tant qu'outil de vente révolutionnaire. S'appuyant sur ses années d'expérience et d'expertise, Sarkar fournit des informations, des stratégies et des techniques inestimables qui permettront à la fois des professionnels chevronnés et des entrepreneurs en herbe pour naviguer avec finesse dans le monde complexe de LinkedIn.

À travers ce voyage captivant, vous découvrirez les secrets pour débloquer des prospects rentables et établir une présence inégalée sur le marché mondial. Qu'il s'agisse d'exploiter les puissantes fonctionnalités et outils de LinkedIn ou de créer un contenu convaincant qui résonne auprès de votre public cible, ce livre vous offre les connaissances et les compétences nécessaires pour révolutionner votre approche commerciale et obtenir des résultats remarquables.

Que vous soyez un directeur des ventes, un propriétaire d'entreprise ou un professionnel en herbe, "LinkedIn Sales Mastery" vous sert de boussole, vous guidant vers un succès inégalé dans le domaine numérique. Grâce aux conseils pratiques, aux stratégies éprouvées et aux exemples concrets de Sarkar, vous obtiendrez un avantage concurrentiel, amplifierez votre portée et dominerez le marché mondial comme jamais auparavant.

Préparez-vous à embarquer dans un voyage transformationnel, alors que M. Prasenjit Sarkar vous invite à libérer tout le potentiel de LinkedIn, à exploiter des pistes rentables et à revendiquer votre position légitime à l'avant-garde du paysage commercial en constante évolution. Préparez-vous à écrire votre success story, une connexion à la fois.

Table des matières

Chapitre 11 : Techniques avancées de mise en réseau pour le succès de LinkedIn

Chapitre 12 : LinkedIn en tant qu'entonnoir de vente : du lead à la conversion

Chapitre 1 : L'art de prospecter sur LinkedIn

Dans ce chapitre, nous plongeons profondément dans l'art de la prospection sur LinkedIn, en découvrant des stratégies éprouvées qui vous permettront d'identifier et de vous connecter avec des prospects de haute qualité. La prospection est la base de ventes réussies sur LinkedIn, et maîtriser cet art est essentiel pour débloquer des prospects rentables et dominer le marché mondial.

Le pouvoir de la prospection ciblée

Une prospection efficace commence par une compréhension claire de votre public cible. En identifiant vos clients idéaux, vous pouvez affiner votre recherche et concentrer vos efforts sur la connexion avec ceux qui sont les plus susceptibles d'être intéressés par votre produits ou services. LinkedIn offre de puissantes fonctionnalités de recherche qui vous permettent de filtrer les résultats en fonction de l'industrie, du titre du poste, de l'emplacement, etc., vous permettant d'atteindre les bonnes personnes au bon moment.

Stratégies de recherche avancée

Pour maximiser vos efforts de prospection, tirez parti des capacités de recherche avancées de LinkedIn. Utilisez des opérateurs booléens, tels que AND, OR et NOT, pour affiner vos requêtes de recherche et trouver des combinaisons spécifiques de critères. Combinez différents filtres pour créer des recherches très ciblées qui donnent des résultats pertinents. De plus, enregistrez vos critères de recherche pour recevoir des mises à jour régulières sur les nouveaux prospects qui répondent à vos critères spécifiés, vous assurant ainsi de garder une longueur d'avance.

Dans le domaine de la prospection sur LinkedIn, maîtriser l'art de la recherche avancée change la donne. Grâce aux puissantes capacités de recherche de LinkedIn, vous pouvez découvrir des trésors cachés et trouver des prospects très ciblés pour alimenter vos efforts de vente. Dans cette section, nous explorerons des stratégies éprouvées pour tirer parti de la recherche avancée sur LinkedIn afin d'améliorer votre jeu de prospection.

1. Utiliser des mots-clés et des opérateurs booléens

Pour effectuer des recherches précises, il est important d'utiliser efficacement des mots-clés pertinents et des opérateurs booléens. Commencez par réfléchir à une liste de mots-clés qui correspondent à votre public cible et à votre secteur. Ensuite, combinez ces mots clés à l'aide d'opérateurs tels que **"ET**," **"OU**," et **"PAS"** pour affiner vos résultats de recherche. Par exemple, la recherche de "responsable des ventes ET technologie" réduira vos résultats aux profils qui incluent les deux termes.

2. Tirez parti des filtres et des segments

LinkedIn propose différents filtres et segments pour affiner davantage vos résultats de recherche. Ces filtres vous permettent de vous concentrer sur des critères spécifiques tels que l'emplacement, l'industrie, le titre du poste, la taille de l'entreprise, etc. Utilisez ces filtres pour adapter votre recherche à vos prospects idéaux. Affiner votre recherche en fonction de critères spécifiques vous aidera à découvrir des prospects très pertinents et à gagner du temps dans le processus de prospection.

3. Enregistrer et suivre les résultats de la recherche

Une fois que vous avez créé une recherche ciblée, n'oubliez pas de la sauvegarder pour référence future. LinkedIn vous permet d'enregistrer vos critères de recherche, et il vous mettra automatiquement à jour avec de nouveaux résultats qui correspondent à vos paramètres de recherche. Cette fonctionnalité est particulièrement utile pour les efforts de prospection en cours et pour rester à jour avec les prospects potentiels.

4. Interagissez avec les informations des résultats de recherche

Lorsque vous effectuez une recherche sur LinkedIn, faites attention aux idées et aux informations fournies dans les résultats de la recherche. Prenez note des connexions mutuelles, des intérêts partagés ou des groupes communs que vous avez avec des prospects potentiels. Ces informations peuvent être de précieux déclencheurs de conversation et fournir un moyen d'établir une connexion significative dès le début.

5. Suivez et surveillez les prospects ciblés

Si vous tombez sur des prospects prometteurs lors de votre recherche, pensez à suivre leurs profils pour rester informé de leurs activités. Cela vous permet de surveiller leurs publications, leurs engagements et leur contenu, vous fournissant ainsi des informations précieuses sur leurs intérêts et leurs points faibles. S'engager stratégiquement avec leur contenu peut vous aider à vous familiariser et à entretenir la relation au fil du temps.

6. Tirez parti des recherches enregistrées pour le lead nurturing

Les recherches enregistrées vous aident non seulement à trouver des prospects potentiels, mais constituent également un outil puissant pour la maturation des prospects. Passez régulièrement en revue vos recherches enregistrées pour identifier de nouveaux prospects ou des changements dans votre public cible. Atteignez ces prospects avec des messages personnalisés et un contenu sur mesure, montrant votre compréhension de leurs besoins spécifiques. Cette approche proactive peut vous aider à vous établir en tant que conseiller de confiance et à accélérer le processus de vente.

7. Restez à jour avec les alertes LinkedIn

Les alertes LinkedIn sont des notifications qui vous tiennent informé des mises à jour et des activités liées à vos connexions et recherches enregistrées. Configurez des alertes pertinentes pour rester au fait des nouvelles de l'industrie, des changements d'emploi ou des mises à jour de l'entreprise. Être conscient de ces changements vous permet d'atteindre des prospects à des moments opportuns, vous positionnant comme une ressource précieuse.

Créer des messages personnalisés

Une fois que vous avez identifié des prospects potentiels, l'étape suivante consiste à les engager par le biais de messages personnalisés. Évitez les modèles génériques et prenez plutôt le temps de rechercher et de comprendre les antécédents, les intérêts et les points faibles de chaque prospect. Adaptez vos messages pour répondre à leurs besoins spécifiques et démontrez comment votre produit ou service peut apporter une solution. La personnalisation est essentielle pour capter l'attention de vos prospects et favoriser des relations significatives.

L'art de la messagerie efficace

Lors de la rédaction de vos messages, il est crucial de trouver un équilibre entre professionnalisme et personnalisation. Commencez par une ligne d'objet forte et accrocheuse qui suscite l'intérêt du destinataire. Présentez-vous et établissez votre crédibilité en mettant en évidence des expériences pertinentes ou des liens mutuels. Articulez clairement la proposition de valeur de votre offre et expliquez comment elle s'aligne sur les objectifs ou les défis du prospect. Terminez votre message par une incitation à l'action convaincante qui encourage un engagement plus poussé.

Tirer parti des présentations chaleureuses et des références

L'un des moyens les plus puissants de renforcer la confiance et la crédibilité sur LinkedIn consiste à faire des présentations et des références chaleureuses. Utilisez votre réseau existant pour identifier les connexions communes avec vos prospects cibles. Demandez des présentations à des relations mutuelles qui peuvent attester de votre expertise et recommander vos services. Les présentations chaleureuses augmentent considérablement la probabilité d'un engagement et de conversions réussis.

Cultiver les relations avec les influenceurs

Les influenceurs LinkedIn peuvent jouer un rôle important dans vos efforts de prospection. Identifiez les personnes influentes de votre secteur qui ont un large public et interagissez avec leur contenu. Commentez attentivement leurs messages, partagez des informations précieuses et établissez des relations. L'établissement de relations avec des influenceurs peut vous aider à élargir votre réseau et à vous positionner comme une autorité de confiance, attirant ainsi plus de prospects et d'opportunités.

S'engager avec les groupes LinkedIn

Les groupes LinkedIn fournissent une plate-forme précieuse pour un engagement ciblé et la génération de prospects. Rejoignez des groupes pertinents dans votre secteur ou votre créneau et participez activement aux discussions. Partagez du contenu précieux, offrez des idées et contribuez à des conversations significatives. En vous établissant comme un membre compétent et serviable, vous pouvez attirer l'attention de prospects potentiels et vous positionner en tant qu'expert de l'industrie.

Stratégies d'engagement de groupe

Pour maximiser votre impact au sein des groupes LinkedIn, privilégiez la qualité à la quantité. Sélectionnez quelques groupes qui correspondent étroitement à votre public cible et engagez-vous activement avec eux. Soyez cohérent dans votre participation et apportez de la valeur grâce à des commentaires perspicaces, en partageant des ressources précieuses et en offrant une assistance aux membres du groupe. En établissant des relations et en vous établissant comme une ressource de confiance, vous pouvez générer des prospects et étendre votre réseau.

Stratégies d'engagement de groupe

S'engager avec des groupes LinkedIn est une technique de prospection puissante qui peut considérablement élargir votre portée et établir votre expertise dans votre secteur. Dans ce sous-thème, nous explorerons des stratégies éprouvées pour interagir efficacement avec les groupes LinkedIn afin d'améliorer vos efforts de prospection.

Comprendre la dynamique des groupes LinkedIn

Avant de plonger dans les stratégies, il est important de comprendre la dynamique des groupes LinkedIn. Les groupes LinkedIn rassemblent des professionnels ayant des intérêts, des secteurs ou des objectifs similaires. Ils fournissent une plate-forme pour les discussions, le partage des connaissances et le réseautage. En rejoignant des groupes pertinents, vous accédez à une communauté de personnes partageant les mêmes idées et de prospects potentiels.

1. Identifiez et rejoignez les groupes pertinents

La première étape consiste à identifier et à rejoindre des groupes LinkedIn qui correspondent à votre public cible et à votre secteur. Recherchez des groupes avec des discussions actives et un nombre substantiel de membres. Tenez compte des critères suivants lors de la sélection des groupes :

- **Pertinence:** Assurez-vous que le sujet du groupe est directement lié à votre industrie ou à votre public cible.
- **Activité:** Recherchez des groupes avec des discussions régulières, un engagement et une activité récente.
- **Taille:** Bien que la taille du groupe ne soit pas le seul indicateur de qualité, les grands groupes offrent généralement plus d'opportunités de réseautage.

2. Observer et comprendre la dynamique de groupe

Une fois que vous avez rejoint un groupe, prenez le temps d'observer et de comprendre la dynamique du groupe. Faites attention à ce qui suit :

- **Sujets et discussions :** Prenez note des sujets communs et des discussions au sein du groupe. Identifiez les points faibles, les défis et les tendances discutés.
- **Influenceurs et membres actifs :**Identifiez les membres influents et les participants actifs du groupe. Observez leurs contributions et leurs modèles d'engagement.
- **Règles et directives du groupe :**Familiarisez-vous avec les règles et directives du groupe pour vous assurer que votre engagement correspond aux attentes du groupe.

3. Apporter de la valeur grâce au partage des connaissances

S'engager avec des groupes LinkedIn ne consiste pas seulement à promouvoir vos produits ou services. Il s'agit d'établir des relations et de vous établir comme une ressource précieuse. Voici des stratégies pour apporter de la valeur par le partage des connaissances :

- **Partagez vos idées et votre expertise** : Contribuez aux discussions de groupe en partageant des informations précieuses, les tendances de l'industrie et des conseils d'experts. Soyez généreux avec vos connaissances et visez à aider véritablement les autres.
- **Répondez aux questions:** Surveillez les discussions de groupe pour les questions liées à votre expertise. Offrez des réponses utiles

et informatives, démontrant votre expertise et renforçant votre crédibilité.

- **Partagez du contenu pertinent :** Partagez des articles, des billets de blog ou des ressources pertinents qui apportent de la valeur aux membres du groupe. Assurez-vous que le contenu est informatif, bien écrit et correspond aux intérêts du groupe.

4. S'engager activement et régulièrement

Un engagement actif et constant est essentiel pour établir des relations et étendre votre réseau au sein des groupes LinkedIn. Considérez les stratégies suivantes :

- **Lancer des discussions :** Commencez des discussions

constructives en posant des questions stimulantes ou en partageant des nouvelles intéressantes de l'industrie. Encouragez les membres du groupe à participer et à partager leurs points de vue.

- **Commentez et contribuez :** Participez aux discussions existantes en commentant les messages, en posant des questions de suivi et en fournissant des informations supplémentaires. Ajoutez de la valeur à la conversation et montrez un intérêt sincère pour les opinions des autres.
- **Réseau et connexion :** Réseautez activement avec d'autres membres du groupe qui correspondent à votre public cible ou qui ont une expertise complémentaire. Envoyez des

demandes de connexion avec des messages personnalisés pour initier d'autres conversations.

5. Respectez l'étiquette du groupe et établissez des relations

Pour interagir efficacement avec les groupes LinkedIn, il est important de respecter l'étiquette du groupe et de se concentrer sur l'établissement de relations :

- **Être respectueux:** Traitez tous les membres du groupe avec respect, même si vous n'êtes pas d'accord avec leurs opinions. Maintenez un ton professionnel et courtois dans vos interactions.
- **Évitez l'auto-promotion :** Bien qu'il soit acceptable de partager votre expertise, évitez l'autopromotion excessive ou les argumentaires de

vente directe. Concentrez-vous sur l'établissement de relations et établissez-vous comme une ressource précieuse.

- **Connectez-vous personnellement :** Lorsque vous trouvez des personnes qui correspondent à votre public cible ou qui ont des opportunités commerciales potentielles, contactez-les personnellement pour vous connecter. Envoyez des messages personnalisés expliquant votre intérêt à vous connecter et comment vous pouvez mutuellement bénéficier de la relation.

En mettant en œuvre ces stratégies, vous pouvez interagir efficacement avec les groupes LinkedIn et en faire un puissant outil de prospection. N'oubliez pas qu'un engagement de groupe réussi consiste à apporter de la valeur, à établir des relations et à vous établir en tant qu'expert de confiance de l'industrie.

Résumé

Ce chapitre de "Maîtrise de la vente sur LinkedIn : débloquer des prospects rentables et dominer le marché mondial" explore l'art de la prospection sur LinkedIn. En mettant en œuvre les stratégies éprouvées décrites dans ce chapitre, vous pouvez identifier et vous connecter efficacement avec des prospects de haute qualité. Qu'il s'agisse d'utiliser des fonctionnalités de recherche avancées, de créer des messages personnalisés, de tirer parti de présentations chaleureuses, de dialoguer avec des influenceurs ou de participer à des groupes LinkedIn, ces stratégies vous mettront sur la voie du succès de la prospection. Avec une approche ciblée et ciblée, vous pouvez débloquer des prospects rentables et dominer le marché mondial sur LinkedIn.

Chapitre 2 : Construire une marque personnelle irrésistible

Dans ce chapitre, nous approfondissons l'importance de créer une marque personnelle irrésistible sur LinkedIn et vous fournissons des stratégies éprouvées pour vous établir comme une autorité de confiance dans votre secteur. Votre marque personnelle est votre identité unique sur la plateforme, et elle joue un rôle crucial pour attirer des prospects rentables et dominer le marché mondial.

Le pouvoir de la marque personnelle sur LinkedIn

L'image de marque personnelle consiste à mettre en valeur votre expertise, à établir votre crédibilité et à vous différencier de la concurrence. Sur LinkedIn, votre profil sert de base à votre marque personnelle. Il est essentiel d'optimiser votre profil pour faire une impression forte et durable sur les visiteurs et prospects potentiels.

Définir votre marque personnelle

Pour exploiter la puissance de la marque personnelle sur LinkedIn, vous devez d'abord définir et articuler votre marque personnelle. Voici quelques étapes essentielles pour commencer :

1. Identifiez votre proposition de valeur unique

Déterminez ce qui vous distingue de la foule. Réfléchissez à votre expertise, vos expériences et vos points forts. Identifiez les compétences et les connaissances spécifiques qui vous distinguent et correspondent aux besoins de votre public cible. Par exemple, si vous êtes un professionnel du marketing, vous avez peut-être une compréhension approfondie des stratégies de marketing de contenu ou un talent pour créer des campagnes virales.

2. Créez une déclaration de marque personnelle convaincante

Créez une déclaration de marque personnelle concise et convaincante qui communique qui vous êtes, ce que vous faites et la valeur que vous apportez. Cette déclaration doit résonner auprès de votre public cible et capter son attention. Par exemple, une déclaration de marque personnelle pour un consultant en médias sociaux pourrait être : **"Aider les entreprises à amplifier leur présence en ligne et à susciter un engagement significatif grâce au marketing stratégique des médias sociaux."**

3. Définissez la voix de votre marque et votre identité visuelle

Développez une voix de marque et une identité visuelle cohérentes qui s'alignent sur votre marque personnelle. La voix de votre marque doit refléter votre personnalité et vos valeurs, et votre identité visuelle doit être visuellement attrayante et professionnelle. Par exemple, si vous souhaitez vous positionner en tant qu'expert de l'industrie faisant autorité, la voix de votre marque peut être informative et confiante, et votre identité visuelle peut incorporer des portraits professionnels et une esthétique de conception propre et moderne.

Construire votre marque personnelle sur LinkedIn

Maintenant que vous avez défini votre marque personnelle, il est temps de la construire et de la cultiver sur LinkedIn. Voici quelques stratégies éprouvées pour vous aider à établir une présence convaincante de votre marque personnelle sur la plateforme :

1. Optimisez votre profil LinkedIn

Votre profil LinkedIn est la représentation numérique de votre marque personnelle, il est donc crucial de l'optimiser pour un impact maximum. Utilisez votre déclaration de marque personnelle comme titre et rédigez un résumé convaincant qui met en valeur votre expertise, vos réalisations et votre proposition de valeur. Mettez en évidence les compétences, les expériences et les certifications pertinentes. Incluez des éléments multimédias tels que des vidéos, des présentations ou des projets pour prouver votre expertise.

2. Partagez du contenu réfléchi et pertinent

Partagez systématiquement un contenu précieux et perspicace qui correspond à votre marque personnelle et résonne avec votre public cible. Rédigez des articles, créez des vidéos informatives ou organisez des informations et des informations pertinentes sur l'industrie. Soyez authentique et fournissez des perspectives uniques ou des conseils pratiques qui mettent en valeur votre expertise. Interagissez avec votre public en posant des questions stimulantes et en répondant rapidement aux commentaires.

3. Engagez des conversations significatives

Participez activement aux groupes LinkedIn pertinents, aux communautés de l'industrie et aux conversations professionnelles. Contribuez aux discussions, offrez des informations précieuses et connectez-vous avec des professionnels partageant les mêmes idées. S'engager dans des conversations significatives démontre votre expertise et construit votre réseau. Par exemple, si vous êtes un professionnel de la cybersécurité, vous pouvez rejoindre des groupes liés à la cybersécurité et partager vos connaissances sur les meilleures pratiques et les menaces émergentes.

Exemples de succès de marque personnelle sur LinkedIn

Pour illustrer la puissance de la marque personnelle sur LinkedIn, explorons quelques exemples :

1. Sarah Thompson - L'avocate de la mode durable

Sarah Thompson, entrepreneuse de mode et défenseure de la durabilité, a construit une puissante marque personnelle sur LinkedIn. À travers ses articles soigneusement rédigés et ses vidéos engageantes, elle sensibilise son public à l'importance de la mode durable et à son impact positif sur l'environnement. La déclaration de marque personnelle de Sarah met en lumière son expertise dans la mode durable et sa mission de transformer l'industrie. Son approche authentique et passionnée a attiré un public dévoué et lui a permis de prendre la parole lors de conférences de l'industrie.

2. James Anderson - L'expert en bien-être financier

James Anderson, planificateur financier et défenseur du bien-être, s'est imposé comme une autorité de confiance sur LinkedIn. Il partage régulièrement des astuces et des conseils pratiques pour atteindre le bien-être financier, abordant des sujets tels que la budgétisation, les investissements et la planification de la retraite. James s'engage activement auprès de son public en organisant des sessions de questions-réponses en direct et en répondant aux commentaires avec des recommandations personnalisées. Sa marque personnelle respire la fiabilité et l'empathie, le positionnant comme une ressource incontournable pour les conseils financiers.

Créer un titre et un résumé engageants

Votre titre et votre résumé sont les premiers éléments que les visiteurs voient lorsqu'ils arrivent sur votre profil. Créez un titre convaincant qui communique clairement votre proposition de valeur et capte l'attention. Utilisez des mots-clés pertinents pour votre secteur d'activité pour augmenter votre visibilité dans les résultats de recherche. Dans la section récapitulative, racontez une histoire de marque captivante qui met en valeur votre expérience, vos compétences et vos arguments de vente uniques.

Expliquez clairement comment vous pouvez apporter de la valeur à votre public cible.

Pourquoi votre titre et votre résumé sont importants

Votre titre et votre résumé sont souvent les premières choses que les gens voient lorsqu'ils rencontrent votre profil. Ils jouent un rôle crucial pour capter l'attention, générer de l'intérêt et inciter les individus à en savoir plus sur vous. Un titre et un résumé bien conçus peuvent vous différencier de la concurrence et piquer la curiosité, conduisant à plus de vues de profil, de demandes de connexion et d'opportunités de carrière potentielles.

Créer un titre engageant

Votre titre doit décrire succinctement qui vous êtes, ce que vous faites et la valeur unique que vous apportez. Il doit être convaincant, riche en mots clés et adapté à votre public cible. Envisagez d'incorporer des mots à la mode pertinents de l'industrie, des réalisations ou un argument de vente unique qui vous distingue. Par exemple:

- Stratège Marketing Dynamique | Aider les entreprises à stimuler leur croissance grâce à des campagnes numériques innovantes
- Professionnel de la vente expérimenté | Fournir des solutions d'augmentation des revenus pour les entreprises B2B
- Défenseur passionné de l'environnement | Travailler pour un avenir durable

En personnalisant votre titre en fonction de votre expertise et des besoins de votre public cible, vous pouvez capter leur attention et faire une bonne première impression.

Élaboration d'un résumé informatif

Votre résumé vous donne l'occasion d'élaborer sur votre parcours professionnel, de mettre en évidence vos principales réalisations et de mettre en valeur vos compétences et qualifications uniques. Il doit être concis, engageant et facile à lire. Voici quelques stratégies à prendre en compte lors de la rédaction de votre résumé :

1. **Racontez votre histoire :** Utilisez des techniques de narration pour engager les lecteurs et créer une connexion émotionnelle. Partagez vos expériences, vos défis et

comment ils ont façonné votre parcours professionnel. Par exemple: Enfant, j'étais captivé par la puissance de la technologie. Cette passion m'a amené à poursuivre une carrière en génie logiciel, où j'ai passé la dernière décennie à développer des solutions innovantes qui rationalisent les opérations commerciales et améliorent l'efficacité.

2. **Mettre en évidence les réalisations** : Présentez vos réalisations notables et quantifiez-les dans la mesure du possible. Cela aide à établir la crédibilité et démontre votre expertise. Par exemple:
Tout au long de ma carrière, j'ai dirigé avec succès des équipes interfonctionnelles, ce qui a

entraîné une augmentation de 20 % de l'efficacité des projets et une réduction de 15 % des coûts..

3. **Concentrez-vous sur la valeur :** Expliquez clairement la valeur que vous apportez aux employeurs ou clients potentiels. Identifiez leurs points faibles et expliquez comment vous pouvez apporter des solutions. Utilisez un langage qui résonne avec votre public cible. Pour **exemple:** Je me consacre à aider les entreprises à améliorer leur présence en ligne et à atteindre efficacement leur public cible.**En mettant à profit mon expertise en marketing numérique et en analyse de données, j'ai aidé de nombreux clients à augmenter de 30 % le trafic sur leur site Web et à**

augmenter de 25 % les taux de conversion.

4. **Inclure des mots clés pertinents :** Incorporez des mots clés spécifiques à l'industrie dans votre résumé afin d'optimiser votre profil pour la recherche. Cela augmente les chances d'être découvert par des recruteurs ou des clients à la recherche de compétences ou d'expertises spécifiques.

N'oubliez pas que votre titre et votre résumé doivent être des reflets authentiques de votre identité professionnelle. Ils ne doivent pas seulement mettre en valeur vos compétences et vos réalisations, mais également transmettre votre personnalité unique et votre passion pour ce que vous faites.

Exemples de titres et de résumés convaincants

Pour illustrer le pouvoir des titres et des résumés bien conçus, explorons quelques exemples :

Exemple 1:

Gros titre: *Chef de projet axé sur les résultats | Offrir des opérations transparentes et dépasser les attentes des clients*

Résumé: *Avec une expérience éprouvée dans la gestion réussie de projets complexes dans diverses industries, j'excelle dans la conduite de l'excellence opérationnelle et le dépassement des attentes des clients. Du lancement du projet à la livraison réussie, je m'engage à assurer des opérations transparentes, à favoriser la collaboration interfonctionnelle et à* fournir des résultats qui propulsent la croissance de l'entreprise. Connectons-nous et explorons comment je peux contribuer au succès de votre organisation.

Gros titre: *Graphiste créatif | Transformer des idées en conceptions visuellement époustouflantes*
Résumé: *En tant que graphiste passionné et innovant, j'ai le don de transformer des idées en designs visuellement époustouflants qui captivent le public. Avec une expertise dans Adobe Creative Suite et un souci du détail, je donne vie à des concepts grâce à des visuels convaincants qui laissent un impact durable. Collaborons sur votre prochain projet de design et créons quelque chose d'extraordinaire.*

Exemple 3 :

Gros titre: *Analyste Financier Expérimenté | Favoriser la prise de décision basée sur les données et maximiser le retour sur investissement*

Résumé: *Avec une solide expérience en analyse financière et une compréhension approfondie des tendances du marché, je donne aux entreprises les moyens de prendre des décisions éclairées et fondées sur des données qui maximisent le retour sur investissement. Grâce à une modélisation financière méticuleuse, à une évaluation des risques et à une évaluation des performances, je fournis des informations stratégiques qui stimulent la rentabilité et la croissance durable. Discutons de la façon dont je peux contribuer à votre réussite financière.*

En étudiant ces exemples, vous pouvez voir comment chaque titre communique succinctement l'identité professionnelle et la proposition de valeur, tandis que les résumés développent les compétences, les réalisations et la valeur que l'individu apporte à la table. Rédigez votre titre et votre résumé avec soin, en vous assurant qu'ils représentent avec précision votre marque professionnelle unique et résonnent auprès de votre public cible. N'oubliez pas que ces éléments joueront un rôle central pour attirer les bonnes relations et opportunités sur LinkedIn.

Mettre en valeur votre savoir-faire

Pour construire une marque personnelle irrésistible, vous devez démontrer votre expertise et vous établir comme un leader d'opinion dans votre secteur. LinkedIn propose plusieurs fonctionnalités et stratégies pour mettre en valeur efficacement vos connaissances et vos compétences. Cette section explorera des stratégies éprouvées pour démontrer efficacement vos connaissances, vos compétences et votre expérience afin d'améliorer votre marque personnelle sur LinkedIn.

1. Publiez du contenu de haute qualité

L'un des moyens les plus puissants de mettre en valeur votre expertise consiste à publier régulièrement du contenu de haute qualité sur LinkedIn. Cela peut inclure des articles, des articles de blog ou même des articles abrégés. Partagez des informations précieuses, des tendances de l'industrie et des conseils pratiques qui résonnent avec votre public cible. Assurez-vous que votre contenu est bien documenté, informatif et offre des perspectives uniques pour vous démarquer des autres dans votre domaine.

Exemple: Si vous êtes un professionnel du marketing, vous pourriez rédiger un article sur les dernières stratégies de marketing numérique et sur la manière dont elles peuvent stimuler la croissance de votre entreprise. Partagez des études de cas réels et des conseils pratiques pour démontrer votre expertise et apporter de la valeur à votre public.

2. Engagez-vous dans des discussions réfléchies

S'engager dans des discussions réfléchies sur LinkedIn est un excellent moyen de mettre en valeur votre expertise et de renforcer votre crédibilité. Rejoignez des groupes industriels pertinents et participez activement aux conversations. Offrez des informations précieuses, répondez aux questions et apportez des solutions aux défis soulevés par d'autres professionnels. En démontrant vos connaissances et votre volonté de contribuer, vous vous positionnez comme une autorité de confiance dans votre domaine.

Exemple: Supposons que vous soyez un expert en cybersécurité. Engagez des discussions sur des sujets tels que la confidentialité des données, les cybermenaces ou les meilleures pratiques pour sécuriser les réseaux. Partagez votre expertise, partagez des ressources pertinentes et engagez des conversations significatives avec d'autres professionnels de la communauté de la cybersécurité.

3. Obtenir des recommandations et des approbations

Les recommandations et les approbations de collègues, de clients ou de leaders de l'industrie peuvent considérablement renforcer votre crédibilité sur LinkedIn. Demandez des recommandations à des personnes avec lesquelles vous avez travaillé en étroite collaboration et qui peuvent témoigner de votre expertise et de la valeur que vous apportez. Les mentions pour des compétences spécifiques valident davantage vos capacités et votre expertise dans ces domaines. Ces témoignages fournissent une preuve sociale de vos capacités et améliorent votre marque personnelle.

Exemple: Disons que vous êtes un chef de projet. Demandez des recommandations aux clients ou aux membres de l'équipe qui ont été témoins de vos compétences exceptionnelles en gestion de projet en action. Leurs témoignages peuvent mettre en évidence votre capacité à livrer des projets à temps, à gérer efficacement les ressources et à communiquer clairement, renforçant ainsi votre expertise en gestion de projet.

4. Participez à des webinaires et à des événements de l'industrie

Participer à des webinaires et à des événements de l'industrie est un moyen efficace de présenter votre expertise à un public plus large. Recherchez des opportunités de prise de parole ou des tables rondes où vous pourrez partager vos idées et vos connaissances. Interagissez avec le public, répondez aux questions et fournissez de précieux plats à emporter. L'exposition acquise grâce à de tels événements peut rehausser votre marque personnelle et attirer de nouvelles relations et opportunités.

Exemple: Supposons que vous êtes un**Professionnel RH** spécialisée dans l'engagement des employés. Proposez de prendre la parole lors d'une conférence RH virtuelle sur le thème de la promotion du bien-être et de la motivation des employés à l'ère du travail à distance. Partagez des stratégies pratiques, des exemples concrets et interagissez avec le public pour vous positionner comme un expert dans le domaine de l'engagement des employés.

5. Organisez et partagez les nouvelles de l'industrie

Démontrez votre expertise en vous tenant au courant des dernières nouvelles et tendances de l'industrie. Organisez des articles, des rapports et des études pertinents et partagez-les avec votre réseau. Ajoutez vos idées et commentaires pour montrer votre compréhension des développements de l'industrie. En partageant constamment un contenu précieux et perspicace, vous vous établissez en tant que professionnel compétent avec un doigt sur le pouls de votre industrie.
Exemple: Si vous êtes un**professionnel de la finance**,

partager des articles d'actualité sur l'impact des changements réglementaires sur le secteur financier ou fournir une analyse des tendances du marché. Offrez votre point de vue unique et expliquez comment ces développements peuvent affecter les entreprises ou les particuliers, démontrant votre expertise en finance. N'oubliez pas que mettre en valeur votre expertise sur LinkedIn est un processus continu. Partagez constamment du contenu précieux, engagez des discussions significatives, recherchez des recommandations, participez à des événements et restez informé des actualités de l'industrie. En démontrant activement vos connaissances et vos compétences, vous vous établirez comme une autorité de confiance dans votre domaine et créerez une marque personnelle irrésistible sur LinkedIn.

Publier du contenu stimulant

Un contenu stimulant non seulement capte l'attention de votre public, mais vous établit également en tant que professionnel compétent et influent dans votre secteur. En partageant des informations précieuses, des histoires engageantes et des conseils pratiques, vous pouvez vous positionner en tant que leader d'opinion et attirer un public fidèle. Examinons les stratégies et les exemples qui vous aideront à publier du contenu stimulant et à élever votre marque personnelle sur LinkedIn.

Le pouvoir du contenu stimulant

Un contenu stimulant est l'épine dorsale de l'établissement de votre marque personnelle sur LinkedIn. C'est un contenu qui défie la sagesse conventionnelle, suscite des conversations et offre de nouvelles perspectives. Voici pourquoi c'est essentiel :

1. **Capter l'attention :** Dans la vaste mer de contenu sur LinkedIn, le contenu qui suscite la réflexion se démarque. Il capte l'attention et pique la curiosité de votre public, l'incitant à lire, à s'engager et à partager vos messages.

2. **Autorité d'établissement :** La publication de contenu stimulant démontre votre expertise et votre autorité dans votre domaine. Il vous positionne comme un professionnel

compétent qui est à la pointe des tendances et des innovations de l'industrie.

3. **Stimuler l'engagement :**Le contenu qui suscite la réflexion encourage les discussions et l'engagement significatifs. Lorsque vous partagez des idées qui résonnent avec votre public, ils sont plus susceptibles de commenter, de partager leurs opinions et de participer à des conversations, augmentant ainsi votre visibilité et votre portée.

Stratégies de publication de contenu stimulant

Pour créer et partager du contenu stimulant qui résonne avec votre public, envisagez les stratégies suivantes :

1. Identifier les sujets pertinents

Restez à jour avec les nouvelles, les tendances et les défis de l'industrie. Identifiez les sujets qui sont pertinents pour votre public cible et alignez-vous sur votre expertise. Recherchez les lacunes dans les conversations existantes et recherchez des opportunités d'offrir des informations uniques.

2. Fournir des informations précieuses

Lors de la création de votre contenu, visez à fournir des informations précieuses et des conseils pratiques. Partagez vos connaissances, vos expériences et les leçons apprises. Offrez des conseils pratiques, des meilleures pratiques et des stratégies que votre public peut mettre en œuvre dans son propre travail ou sa propre vie.

3. Racontez des histoires captivantes

Les histoires ont le pouvoir de captiver et d'inspirer. Incorporez des techniques de narration dans votre contenu pour le rendre pertinent et engageant. Partagez des anecdotes personnelles, des études de cas ou des témoignages de clients qui démontrent l'impact de votre expertise.

4. Encouragez la discussion et le débat

Invitez votre public à s'engager dans des conversations significatives en posant des questions stimulantes ou en demandant son avis sur des sujets controversés. Créez un espace sûr et respectueux pour différents points de vue et participez activement aux discussions pour favoriser l'engagement.

5. Utilisez des visuels et du multimédia

Améliorez l'impact de votre contenu en incorporant des éléments visuels tels que des infographies, des graphiques ou des images. Envisagez d'utiliser des formats multimédias tels que des vidéos ou des podcasts pour offrir une expérience diversifiée et attrayante à votre public.

Exemples de contenu stimulant

Explorons quelques exemples de contenu stimulant qui peuvent inspirer vos propres créations :

1. **"L'avenir de l'intelligence artificielle dans le marketing"** : Dans cet article, vous pouvez

partager vos idées sur la façon dont l'IA transforme le paysage marketing et discuter de ses implications potentielles pour les entreprises. Encouragez votre public à prendre en compte les aspects éthiques et à partager ses opinions sur le rôle de l'IA dans la stratégie marketing.

2. **"Pourquoi l'échec est la voie du succès"** : Partagez vos expériences personnelles et les leçons tirées des échecs. Discutez de la façon dont l'acceptation de l'échec peut conduire à la croissance personnelle et à l'innovation. Encouragez votre public à partager ses propres histoires d'échec et les leçons qu'il en a tirées.

3. **"Stratégies non conventionnelles pour stimuler la productivité des employés"**: Défiez les normes de

productivité traditionnelles en partageant des stratégies non conventionnelles qui ont fonctionné pour vous ou vos clients. Encouragez votre public à remettre en question les pratiques établies et à explorer de nouvelles approches pour améliorer la productivité.

N'oubliez pas que le contenu qui suscite la réflexion doit viser à susciter des conversations significatives et à apporter de la valeur à votre public. Utilisez ces exemples comme source d'inspiration, mais assurez-vous que votre contenu reflète votre point de vue et votre expertise uniques.

Partager des mises à jour intéressantes

En plus de publier des articles, partager des mises à jour régulières sur LinkedIn est un moyen puissant de maintenir la visibilité et de démontrer votre expertise. Partagez les actualités, les tendances et les informations pertinentes de l'industrie. Ajoutez votre point de vue unique et suscitez des discussions dans la section des commentaires. Interagissez avec votre réseau en apportant de la valeur grâce à vos mises à jour, en favorisant des conversations significatives et en attirant l'attention de prospects potentiels. Cette section explorera des stratégies éprouvées pour partager des mises à jour qui suscitent des conversations, stimulent l'engagement et élèvent votre marque personnelle sur LinkedIn.

Pourquoi le partage de mises à jour engageantes est important

Partager des mises à jour engageantes est un moyen puissant de mettre en valeur votre expertise, d'établir votre crédibilité et d'attirer l'attention de votre réseau LinkedIn. Lorsque vous fournissez systématiquement un contenu précieux et pertinent, vous vous positionnez comme une ressource incontournable dans votre domaine. Cela aide à établir la confiance avec vos relations, à attirer de nouveaux abonnés et, en fin de compte, à élargir votre réseau professionnel.

Conseils pour créer des mises à jour engageantes

1. Concentrez-vous sur la qualité et la pertinence : partagez des mises à jour informatives, perspicaces et

pertinentes pour votre secteur ou domaine d'expertise. Visez à apporter de la valeur à votre public en partageant des nouvelles de l'industrie, des opinions d'experts, des trucs et astuces ou des questions stimulantes.

Exemple: Si vous êtes un**spécialiste du marketing numérique,** vous pouvez partager une mise à jour sur les dernières tendances en matière de publicité sur les réseaux sociaux ou fournir des conseils sur la création de campagnes de marketing par e-mail efficaces.

2. **Utilisez des visuels pour améliorer l'impact :**Incorporez des visuels accrocheurs tels que des images, des infographies ou des vidéos dans vos mises à jour. Le

contenu visuel a tendance à attirer plus d'attention et d'engagement que les publications textuelles.

Exemple: Si vous partagez une statistique ou un aperçu basé sur des données, créez une infographie pour présenter les informations dans un format visuellement attrayant et facile à comprendre.

3. **Créez des titres convaincants :** Faites attention à vos titres mis à jour car ils servent de première impression pour capter l'attention de votre public. Créez des titres clairs, concis et convaincants qui incitent les utilisateurs à cliquer et à en savoir plus.

   Exemple: Au lieu d'un titre générique comme **"Nouvelle stratégie marketing,"** optez pour quelque chose de plus intrigant et spécifique comme "**Libérer la puissance du contenu généré par les utilisateurs : une stratégie marketing révolutionnaire.**"

4. **Encouragez l'engagement et la conversation :** Terminez vos mises à jour par un clair**appel à l'action** qui encourage votre public à s'engager et à partager ses réflexions. Posez des questions, sollicitez des avis ou invitez les utilisateurs à partager leurs propres expériences sur le sujet.

Exemple: Après avoir partagé un message sur l'importance de l'équilibre travail-vie personnelle, vous pourriez terminer par une question du type "**Quelles sont vos stratégies préférées pour maintenir un équilibre travail-vie**

sain? Partagez vos astuces dans les commentaires ci-dessous!"

5. **Calendrier et cohérence :** Tenez compte du moment de vos mises à jour pour maximiser la visibilité et l'engagement. Recherchez le comportement en ligne de votre public cible et identifiez les moments où il est le plus actif sur LinkedIn. De plus, soyez cohérent dans votre fréquence de publication pour rester au top de l'esprit de votre public. **Exemple:** Si vous constatez que votre public cible est le plus actif sur LinkedIn les soirs de semaine, planifiez vos mises à jour pour qu'elles soient mises en ligne pendant ces périodes afin d'atteindre un public plus large.

Pour illustrer l'impact du partage de mises à jour engageantes, examinons quelques exemples concrets de professionnels qui ont efficacement construit leur marque personnelle sur LinkedIn :

1. Jean Mitchell, **un coach de leadership**, partage régulièrement des mises à jour perspicaces sur des sujets tels que la communication efficace, la constitution d'équipes et la croissance personnelle. Ses mises à jour incluent souvent des conseils pratiques et des conseils pratiques qui trouvent un écho auprès de son public. En fournissant constamment un contenu précieux, John a attiré un large public et s'est imposé comme une autorité de confiance dans son domaine.

2. Sarah Patelle,**un graphiste,**utilise du contenu visuel pour mettre en valeur sa créativité et son expertise. Elle partage des exemples de conception avant et après, des conseils pour créer des graphiques visuellement attrayants et les tendances de l'industrie. Les mises à jour visuellement attrayantes de Sarah l'ont aidée à gagner en visibilité au sein de la communauté du design et à attirer des clients qui apprécient son style unique.

3. Marc Thompson,**un consultant en technologie**, se concentre sur le partage de mises à jour sur les technologies émergentes, les informations sur l'industrie et les meilleures pratiques. Ses mises à jour suscitent souvent des discussions et des débats parmi ses

relations, le positionnant comme un leader d'opinion et une ressource incontournable pour les sujets liés à la technologie. Les mises à jour engageantes de Mark ont ouvert la porte à des opportunités de prise de parole et de collaboration avec d'autres experts de l'industrie.

Ces exemples mettent en évidence le pouvoir du partage de mises à jour engageantes dans la construction d'une marque personnelle forte sur LinkedIn. En suivant les stratégies mentionnées ci-dessus et en tirant parti de votre expertise, vous pouvez créer une présence en ligne convaincante qui vous distingue de la concurrence.

Cultiver une forte présence en ligne

Une forte présence en ligne va au-delà de votre profil LinkedIn. Il englobe votre activité et votre engagement sur la plateforme, ainsi que votre présence sur d'autres canaux numériques.

Établir des relations grâce à l'engagement

L'engagement est essentiel pour établir une forte présence en ligne sur LinkedIn. Participez activement aux conversations, commentez les messages des autres et partagez des informations précieuses. Soyez authentique et authentique dans vos interactions. Répondez rapidement aux commentaires sur vos propres publications, en favorisant des discussions constructives et en créant un sentiment de communauté. En vous engageant constamment avec votre réseau, vous établissez des relations, augmentez votre visibilité et attirez des prospects potentiels.

Établir une présence cross-canal

LinkedIn n'est pas la seule plateforme sur laquelle vous pouvez présenter votre marque personnelle. Envisagez d'étendre votre présence à d'autres canaux numériques pertinents tels que votre site Web, votre blog ou d'autres plateformes de médias sociaux. Créez une expérience de marque cohérente sur ces canaux en maintenant des messages, des éléments visuels et une voix de marque cohérents. Créez un lien vers votre profil LinkedIn pour générer du trafic et étendre votre réseau. Dans cette section, nous explorerons l'importance d'établir une présence cross-canal et fournirons des stratégies pratiques pour vous aider à y parvenir.

Pourquoi établir une présence cross-canal ?

Construire une marque personnelle sur plusieurs canaux offre plusieurs avantages. Premièrement, cela vous permet d'élargir votre portée et de vous connecter avec un public plus large. Différentes personnes préfèrent différentes plates-formes, donc en étant présent sur différents canaux, vous augmentez les chances d'atteindre et d'interagir avec des abonnés et des clients potentiels.

Deuxièmement, une présence cross-canal offre une polyvalence en termes de formats de contenu. Chaque plateforme a ses propres forces et limites, vous permettant de mettre en valeur différents aspects de votre expertise. Par exemple, LinkedIn peut être idéal pour partager des idées professionnelles et le réseautage, tandis qu'Instagram permet une narration plus visuelle. En utilisant plusieurs canaux, vous pouvez tirer parti de ces fonctionnalités uniques pour présenter une marque personnelle complète. Enfin, une présence cross-canal renforce la crédibilité et renforce la cohérence de votre marque personnelle. Lorsque votre public vous voit actif et engagé sur diverses plateformes, cela crée une perception d'expertise et de fiabilité. Cela démontre que vous vous engagez à fournir de la valeur sur différents canaux, renforçant ainsi la réputation de votre marque.

Stratégies pour établir une présence cross-canal

Pour établir une présence cross-canal réussie, envisagez les stratégies suivantes :

1. Identifiez les plates-formes appropriées : Commencez par identifier les plateformes qui correspondent à votre marque personnelle et à votre public cible. Recherchez où votre public idéal passe son temps et quelles plateformes mettent le mieux en valeur votre expertise. Cela peut inclure LinkedIn, Twitter, Instagram, YouTube ou même des forums ou des communautés spécifiques à l'industrie.

2. Adaptez le contenu pour chaque plate-forme : Chaque plate-forme a ses propres caractéristiques, données démographiques sur les utilisateurs et formats de contenu. Adaptez votre contenu à la plate-forme tout en maintenant la cohérence de la voix et de la messagerie de votre marque. Par exemple, sur LinkedIn, vous pouvez vous concentrer sur le partage d'articles professionnels et participer à des discussions sur l'industrie, tandis que sur Instagram, vous pouvez mettre en valeur votre portfolio visuel ou vos moments en coulisses.

3. Promotion croisée et réutilisation du contenu : Maximisez vos efforts en faisant la promotion croisée de votre contenu sur toutes les plateformes. Par exemple, partagez un extrait d'une vidéo YouTube sur LinkedIn avec un lien vers la vidéo complète. De même, réutilisez les articles de votre blog dans des fils de discussion courts et engageants sur Twitter ou créez des infographies visuellement attrayantes pour Instagram.

4. Interagissez avec votre public : Construire une présence cross-canal nécessite un engagement actif avec votre public. Répondez aux commentaires, participez aux discussions et initiez des conversations. Montrez un véritable intérêt et offrez de la valeur à vos abonnés, quelle que soit la plateforme. En favorisant des relations significatives, vous vous établissez comme une autorité de confiance dans votre domaine.

5. Suivre les analyses et itérer : Surveillez régulièrement les analyses et les informations fournies par chaque plate-forme. Faites attention aux mesures d'engagement, à la portée et aux données démographiques de l'audience. Utilisez ces données pour identifier les canaux les plus efficaces pour atteindre votre public cible et ajuster votre stratégie en conséquence. Expérimentez différents types de contenu et mesurez leur impact pour améliorer continuellement votre présence cross-canal.

Exemple : Établir une présence cross-canal

Prenons l'exemple de Sarah, une consultante en marketing visant à construire sa marque personnelle. Sarah identifie LinkedIn, Twitter et son propre blog comme des plateformes appropriées pour établir sa présence cross-canal.

Sur LinkedIn, Sarah partage régulièrement des informations sur l'industrie, contribue à des discussions pertinentes et dialogue avec des professionnels de son domaine. Elle met en valeur son expertise à travers des articles qui suscitent la réflexion et en fournissant des commentaires précieux sur les publications d'autres personnes. Sarah utilise également LinkedIn Live pour héberger des webinaires et dialoguer avec son public en temps réel. Sur Twitter, Sarah se concentre sur le partage de petits conseils marketing, la participation à des chats Twitter pertinents et le suivi des influenceurs de l'industrie. Elle répond activement aux tweets et initie des conversations en posant des questions stimulantes.

Le blog de Sarah sert de plaque tournante pour son contenu long, y compris des articles approfondis, des études de cas et des guides. Elle réutilise le contenu de son blog en créant des infographies visuellement attrayantes et en les partageant sur Instagram et Pinterest.

En adoptant une approche cross-canal, Sarah maximise sa portée, met en valeur différents aspects de son expertise et s'impose comme une consultante marketing crédible sur plusieurs plateformes. Elle interagit constamment avec son public et adapte son contenu aux caractéristiques uniques de chaque plateforme.

Tirer parti des recommandations et des approbations

Les recommandations et les recommandations sur LinkedIn sont de puissantes preuves sociales qui peuvent améliorer votre marque personnelle. Demandez des recommandations à des clients, des collègues et des mentors qui peuvent attester de vos compétences et de votre expertise. Affichez ces recommandations bien en évidence sur votre profil pour mettre en valeur votre crédibilité. De plus, recherchez des mentions pour des compétences spécifiques pertinentes pour votre secteur. Cela valide non seulement votre expertise, mais augmente également votre visibilité dans les résultats de recherche. En gérant et en utilisant stratégiquement ces fonctionnalités, vous pouvez établir votre crédibilité, gagner la confiance et attirer un public plus large. Examinons les stratégies et les exemples de mise à profit efficace des recommandations et des recommandations.

Le pouvoir des recommandations

Les recommandations sont des témoignages personnels de personnes qui ont travaillé avec vous ou qui ont fait l'expérience directe de vos services. Ils donnent un aperçu de vos forces, de votre éthique de travail et de votre professionnalisme. Voici comment vous pouvez tirer parti des recommandations pour améliorer votre marque personnelle :

1. **Demander des recommandations :** Contactez d'anciens clients, collègues ou partenaires commerciaux qui peuvent attester de vos compétences et demandez-leur d'écrire une recommandation sur votre profil LinkedIn. Personnalisez votre demande en leur rappelant des projets ou des réalisations

spécifiques sur lesquels vous avez travaillé ensemble. Mettez en évidence la valeur que leur recommandation apporterait à votre profil.

2. **Donner pour recevoir :** Une excellente façon de recevoir des recommandations est de les donner en premier. Prenez l'initiative d'écrire des recommandations réfléchies et sincères pour les personnes avec lesquelles vous avez travaillé. Cela renforce non seulement vos relations professionnelles, mais augmente également la probabilité de recevoir des recommandations en retour.

3. **Soulignez les réalisations spécifiques :** Lorsque vous demandez des recommandations, guidez la personne en suggérant des réalisations ou des domaines

spécifiques sur lesquels elle pourrait se concentrer. Par exemple, si vous avez excellé dans la gestion de projet, demandez une recommandation soulignant vos compétences organisationnelles exceptionnelles et votre capacité à respecter les délais.

4. **Afficher les recommandations de manière stratégique :** Mettez en évidence vos meilleures recommandations sur votre profil LinkedIn. Disposez-les de manière stratégique, en plaçant les recommandations les plus percutantes et les plus pertinentes en haut. Cela fournit aux visiteurs une preuve sociale immédiate de vos capacités et contribue à renforcer votre marque personnelle.

L'influence des avenants

Les avenants sur LinkedIn sont un moyen pour vos relations de valider vos compétences et votre expertise d'un simple clic. Bien que les recommandations n'aient pas le même poids que les recommandations, elles jouent toujours un rôle crucial dans la construction de votre marque personnelle. Voici comment tirer parti efficacement des recommandations :

1. **Organisez vos compétences** : Sélectionnez et organisez avec soin les compétences répertoriées sur votre profil LinkedIn. Concentrez-vous sur ceux qui correspondent à votre marque personnelle et sur les domaines dans lesquels vous souhaitez vous positionner en tant qu'expert. En donnant la priorité à des

compétences spécifiques, vous encouragez les mentions dans ces domaines.

2. **Promouvoir les compétences pertinentes** : Promouvoir activement vos compétences en vous engageant auprès de votre réseau et en démontrant votre expertise. Partagez des articles perspicaces, fournissez des commentaires précieux sur les discussions de l'industrie et contribuez aux groupes LinkedIn pertinents. Cela vous positionne comme un professionnel compétent et encourage les approbations de relations qui reconnaissent votre expertise.

3. **Reconnaître les approbations :** Lorsque vous recevez une recommandation, prenez le temps de reconnaître et de remercier la

personne qui vous a soutenu. Engagez une conversation, exprimez votre appréciation et envisagez de rendre l'approbation si elle correspond à votre expérience de leurs compétences.

4. **Rechercher des approbations d'influenceurs :** Visez à recevoir des approbations d'influenceurs bien connus ou de leaders de l'industrie. Leurs mentions ont un poids considérable et peuvent accroître la visibilité et la crédibilité de votre marque personnelle. Interagissez avec les influenceurs en partageant leur contenu, en fournissant des informations précieuses et en établissant des relations significatives.

Exemples d'utilisation efficace des recommandations et des avenants

Pour illustrer le pouvoir des recommandations et des approbations, prenons quelques exemples :

Exemple 1 : Jeanne, graphiste indépendante

Jane, une talentueuse**Graphiste indépendant**, exploite efficacement les recommandations et les recommandations pour renforcer sa marque personnelle. Elle contacte activement ses anciens clients et collègues, leur demandant des recommandations qui mettent en valeur sa créativité, son souci du détail et sa capacité à réaliser des projets de conception exceptionnels. Jane conserve également ses compétences sur LinkedIn, en se concentrant sur la conception graphique, l'image de marque et l'expérience utilisateur. En conséquence, elle reçoit des approbations de clients, de collègues et de professionnels de l'industrie qui reconnaissent son expertise. Ces recommandations et recommandations mettent en valeur les compétences de Jane, renforcent la confiance et attirent de nouveaux clients dans son entreprise indépendante.

Exemple 2 : Mark, consultant en marketing

Marquer,**un conseiller en marketing**, gère stratégiquement les recommandations et les recommandations pour s'établir comme une autorité dans son domaine. Il fournit constamment des résultats exceptionnels à ses clients et demande de manière proactive des recommandations qui mettent l'accent sur sa réflexion stratégique, ses compétences en analyse de données et le succès de ses campagnes marketing. Mark conserve ses compétences pour mettre en évidence la stratégie marketing, la publicité numérique et les études de marché. Il s'engage auprès des influenceurs de l'industrie en partageant leur contenu, en ajoutant des informations précieuses et en établissant des relations. Cela conduit à l'approbation de personnalités influentes de l'industrie du marketing, renforçant la marque personnelle de Mark et attirant de nouvelles opportunités de conseil.

Résumé

Le chapitre 2 de "Maîtrise de la vente sur LinkedIn : déverrouiller des pistes rentables et dominer le marché mondial" souligne l'importance de créer une marque personnelle irrésistible sur LinkedIn. En mettant en œuvre les stratégies décrites dans ce chapitre, vous pouvez vous établir comme une autorité de confiance, attirer des prospects rentables et dominer le marché mondial. En optimisant votre profil, en mettant en valeur votre expertise, en cultivant une forte présence en ligne et en tirant parti de la preuve sociale, vous pouvez créer une marque personnelle qui captive votre public cible et vous distingue de la concurrence.

Chapitre 3 : Entretenir des relations pour un succès à long terme

Dans ce chapitre, nous explorons l'aspect crucial de l'entretien des relations sur LinkedIn pour un succès à long terme. Établir des liens solides et cultiver des relations significatives est essentiel pour transformer les prospects en clients fidèles et dominer le marché mondial. Nous fournissons des stratégies éprouvées pour vous aider à favoriser des relations à long terme et à maximiser votre potentiel de vente sur LinkedIn.

La valeur de l'établissement de relations

Les relations sont le fondement de ventes réussies, et LinkedIn offre une plateforme unique pour se connecter avec des clients potentiels, des pairs de l'industrie et des leaders d'opinion. L'établissement de relations authentiques vous permet d'établir la confiance, de comprendre les besoins de vos clients et de fournir des solutions sur mesure. Investir du temps et des efforts pour entretenir des relations sur LinkedIn peut conduire à des partenariats à long terme, à des affaires répétées et à un solide réseau de défenseurs de votre marque. nous explorerons la valeur de l'établissement de relations sur LinkedIn et fournirons des stratégies pour favoriser de véritables connexions qui peuvent mener au succès à long terme.

Pourquoi l'établissement de relations est important sur LinkedIn

1. **Confiance et crédibilité :** Construire des relations sur LinkedIn aide à établir la confiance et la crédibilité parmi vos relations. Lorsque vous vous engagez activement avec les autres, partagez des informations précieuses et contribuez à des discussions constructives, vous vous positionnez comme un professionnel compétent et digne de confiance. Cette confiance et cette crédibilité peuvent ouvrir des portes à de nouvelles

collaborations, partenariats et opportunités commerciales.

2. **Réseautage et références :** LinkedIn est une plate-forme de réseautage puissante et des relations solides peuvent conduire à des références précieuses. Lorsque vous établissez des liens solides avec des professionnels partageant les mêmes idées et que vous entretenez constamment ces relations, ils sont plus susceptibles de vous référer à leur propre réseau lorsque des opportunités pertinentes se présentent. Ces références peuvent considérablement étendre votre portée et augmenter les chances d'obtenir de nouveaux clients ou partenariats.

3. **Influence de l'industrie et leadership éclairé :** En établissant

des relations sur LinkedIn, vous pouvez vous établir en tant qu'influenceur de l'industrie et leader d'opinion. S'engager avec d'autres dans votre domaine, partager un contenu précieux et fournir des commentaires perspicaces peut améliorer votre réputation professionnelle et augmenter votre visibilité au sein de votre secteur. En conséquence, vous devenez une ressource incontournable pour les informations sur l'industrie, ce qui peut attirer de nouvelles connexions et opportunités.

4. **Collaboration et partage des connaissances :** LinkedIn offre un vaste bassin de professionnels aux expertises et aux parcours variés. En établissant des relations avec des personnes qui complètent vos

compétences et vos connaissances, vous pouvez favoriser la collaboration et puiser dans l'intelligence collective. S'engager dans des discussions, participer à des groupes industriels et rechercher des opportunités de partage des connaissances peut mener à des collaborations précieuses, des coentreprises et des solutions innovantes.

Stratégies pour établir des relations efficaces sur LinkedIn

1. **Demandes de connexion personnalisées :** Lors de l'envoi des demandes de mise en relation, prenez le temps de personnaliser chaque message. Mentionnez un intérêt partagé, une connexion commune ou une raison spécifique

de vouloir vous connecter. En démontrant un intérêt sincère et une approche réfléchie, vous augmentez la probabilité que votre demande soit acceptée.

2. **Engagement et entretien des relations :** Interagissez activement avec vos relations en aimant, en commentant et en partageant leurs publications. Montrez votre appréciation pour leurs contributions et fournissez des idées significatives. En entretenant ces relations, vous établissez des relations et créez un environnement réciproque où les autres sont également plus susceptibles de s'engager avec votre contenu.

3. **Événements et groupes de réseautage :** Participez aux événements et groupes de

réseautage LinkedIn pertinents pour votre secteur ou vos intérêts. Ces plateformes offrent des opportunités de se connecter avec des professionnels partageant les mêmes idées, d'échanger des idées et d'établir des relations avec des personnes qui partagent des objectifs communs. Contribuez activement aux discussions, partagez des ressources précieuses et offrez un soutien pour favoriser des liens significatifs.

4. **Valeur de l'offre :** Efforcez-vous toujours de donner de la valeur à vos relations. Partagez des articles informatifs, des tendances de l'industrie ou des ressources utiles qui correspondent à leurs intérêts. Offrez votre expertise et votre soutien dans la mesure du possible.

En apportant constamment de la valeur, vous renforcez vos relations et vous vous positionnez comme un atout précieux au sein de votre réseau.

5. **Engagement hors ligne :** Bien que LinkedIn soit une plateforme numérique, ne négligez pas l'importance de l'engagement hors ligne. Connectez-vous avec vos connexions LinkedIn via d'autres canaux tels que les e-mails, les appels téléphoniques ou les réunions en personne. Ces interactions hors ligne peuvent approfondir les relations et créer des opportunités de collaboration au-delà de l'espace virtuel.

Exemples d'établissement de relations efficaces sur LinkedIn

Exemple 1: John,**un professionnel du marketing numérique**, communique activement avec ses relations en fournissant des informations précieuses et en commentant leurs publications. Son expertise et son véritable intérêt à aider les autres l'ont positionné comme une ressource de confiance au sein de son industrie. En conséquence, il reçoit des références fréquentes de son réseau et a sécurisé plusieurs clients de haut niveau.

Exemple 2 : Sarah,**un développeur de logiciels,** participe à des groupes LinkedIn spécifiques à l'industrie où elle partage son expertise et engage des discussions. Grâce à ces interactions, elle a noué des liens avec des professionnels de différentes entreprises, menant à des collaborations sur des projets innovants. Ses relations construites sur LinkedIn ont élargi son réseau professionnel et lui ont ouvert des portes vers des opportunités de carrière passionnantes.

Exemple 3 : Marquer,**un cadre commercial**, assiste à des événements de réseautage virtuels organisés par LinkedIn. En participant activement à ces événements, il a établi des relations avec les principaux décideurs de son industrie cible. Ces relations se sont traduites par des partenariats fructueux et une augmentation des ventes pour son entreprise.

En appliquant ces stratégies et en tirant parti de la puissance de l'établissement de relations sur LinkedIn, les professionnels peuvent créer un solide réseau de relations de confiance, débloquer de nouvelles opportunités et réussir à long terme dans leur carrière ou leur entreprise.

Écoute active et engagement

L'écoute active est une compétence fondamentale dans l'établissement de relations. Portez une attention particulière aux publications, commentaires et conversations de vos contacts. Engagez-vous véritablement en aimant, en commentant et en partageant des informations précieuses. Démontrez votre intérêt et votre compréhension de leurs défis. En participant activement aux discussions et en fournissant des réponses réfléchies, vous montrez à vos relations que vous appréciez leur contribution et que vous êtes investi dans leur succès.

nous explorons l'importance de l'écoute active et de l'engagement sur LinkedIn et fournissons des stratégies éprouvées pour maîtriser ces compétences.

Pourquoi l'écoute active est importante

L'écoute active est l'art de se concentrer entièrement sur et de comprendre ce que l'autre personne dit. Cela implique d'accorder toute votre attention, d'être présent dans la conversation et de démontrer un véritable intérêt. Lorsqu'il s'agit d'entretenir des relations sur LinkedIn, l'écoute active est la clé pour comprendre les points faibles, les aspirations et les objectifs de vos relations. En écoutant activement, vous pouvez recueillir des informations précieuses qui vous permettent d'adapter votre approche et de fournir des solutions pertinentes.

Stratégies d'écoute active et d'engagement

1. **Soyez présent et réactif :** Lorsque vous interagissez avec vos relations sur LinkedIn, accordez-leur toute votre attention. Évitez les distractions et participez activement à la conversation. Répondez rapidement aux messages, commentaires et questions. Cela montre que vous appréciez leur contribution et que vous vous engagez à établir une relation significative.

    Exemple: Si une connexion partage un article ou une publication, prenez le temps de le lire attentivement et de fournir un commentaire ou une question réfléchie qui démontre votre engagement avec le contenu. Cela montre non seulement une écoute active, mais suscite également une discussion plus approfondie.

2. **Posez des questions ouvertes :** Engagez vos relations en posant des questions ouvertes qui les encouragent à partager davantage sur leurs expériences, leurs défis ou leurs objectifs. Les questions ouvertes invitent à des réponses détaillées et offrent l'occasion d'approfondir les conversations. **Exemple:** Au lieu de poser une simple question "oui" ou "non", demandez quelque chose comme **"Quelles stratégies avez-vous trouvées efficaces pour surmonter les défis que vous avez mentionnés dans votre récent message ?"** Cela permet à votre connexion de partager des idées et

des expériences, favorisant un dialogue plus significatif.

3. **Réfléchissez et faites preuve d'empathie :**Faites preuve d'empathie en réfléchissant à ce que vos relations ont partagé. Répétez les points clés qu'ils ont soulevés, résumez leurs pensées et reconnaissez leurs sentiments ou leurs préoccupations. Cela montre que vous comprenez et appréciez leur point de vue.

Exemple: Si une connexion exprime de la frustration face à un défi particulier de l'industrie, répondez avec empathie et compréhension. Reconnaissez leurs préoccupations et partagez vos propres expériences ou idées qui démontrent que vous avez vraiment écouté et que vous pouvez comprendre leur situation.

4. **Apporter de la valeur grâce au partage des connaissances :** Contribuez activement aux conversations en partageant vos connaissances, votre expertise et vos ressources. Soyez généreux avec vos idées et proposez des solutions ou des conseils pratiques. En apportant de la valeur, vous vous positionnez comme une ressource de confiance et renforcez votre crédibilité auprès de vos relations. **Exemple:** Si une connexion demande des recommandations sur un certain sujet, offrez des suggestions spécifiques et partagez des articles, des podcasts ou des outils pertinents qui peuvent aider à répondre à leurs besoins. Cela met en valeur votre expertise et vous

établit comme une source précieuse d'informations.

5. **Suivi et suivi :** Entretenez activement les relations en faisant le suivi des conversations et des engagements précédents. Si vous avez discuté d'une action spécifique ou promis de partager des informations supplémentaires, assurez-vous d'y donner suite. Cela démontre la fiabilité et renforce la confiance que vous avez établie avec vos relations.

    Exemple: Si vous avez mentionné au cours d'une conversation que vous connecteriez votre connexion à un contact pertinent, assurez-vous de les présenter et de faire un suivi pour vous assurer que l'introduction était utile. Cela montre que vous êtes déterminé à les aider à réussir et renforce le lien entre vous.

Sensibilisation et suivis personnalisés

Lorsque vous entretenez des relations, il est crucial de personnaliser vos efforts de sensibilisation et de suivi. Adaptez vos messages pour répondre aux points faibles ou aux intérêts spécifiques de vos connexions. Faites référence à des conversations ou interactions précédentes pour montrer que vous vous souvenez de la relation et que vous la valorisez. Effectuez un suivi régulier pour rester prioritaire et maintenir une présence constante. La personnalisation et les suivis en temps opportun démontrent votre engagement et renforcent la confiance au fil du temps. L'établissement de liens significatifs est essentiel pour établir la confiance et favoriser un engagement continu avec vos prospects et clients. En adaptant vos messages de sensibilisation et en effectuant un suivi stratégique, vous pouvez renforcer les relations, augmenter les taux de réponse et générer des conversions. Examinons les stratégies et les exemples qui vous aideront à maîtriser la sensibilisation et les suivis personnalisés.

1. Adaptez vos messages de sensibilisation

Lorsque vous contactez des prospects ou renouez avec des relations existantes, les messages génériques et impersonnels sont susceptibles d'être ignorés ou rejetés. Des messages de sensibilisation personnalisés démontrent votre véritable intérêt et votre compréhension des besoins du destinataire. Voici quelques stratégies pour élaborer des messages personnalisés efficaces :

- **Référencez leur profil :** Commencez votre message en faisant référence à quelque chose de spécifique du profil du destinataire qui a retenu votre attention. Il peut s'agir d'une réalisation récente, d'un intérêt commun ou d'une connexion mutuelle. Par exemple: *"Bonjour [nom du prospect], j'ai remarqué sur votre profil LinkedIn que vous avez récemment lancé un produit innovant dans le secteur de la santé. En tant que personne passionnée par les progrès de la santé, j'aimerais en savoir plus sur* *votre parcours et explorer les opportunités de collaboration potentielles."*

- **Traiter les points douloureux :** Identifiez les points faibles auxquels vos prospects sont confrontés et abordez-les directement dans votre message. Offrez des idées ou des solutions qui démontrent votre expertise et la valeur que vous pouvez apporter. Par exemple: *"Bonjour [nom du prospect], je comprends que l'amélioration de l'efficacité opérationnelle est une priorité absolue pour les entreprises de votre secteur. Grâce à mon expérience dans la rationalisation des processus et la mise en œuvre de solutions d'automatisation, je pense que je peux vous aider à* *réaliser des économies importantes et à améliorer la productivité."*

- **Personnalisez l'appel à l'action :** Adaptez votre appel à l'action en fonction de l'étape actuelle du destinataire dans le parcours de l'acheteur. Offrez une prochaine étape spécifique qui correspond à leurs besoins et intérêts. Par exemple:

"Si vous êtes intéressé, je serais heureux de programmer un bref appel la semaine prochaine pour discuter de la façon dont notre logiciel peut rationaliser vos opérations de service client. Faites-moi savoir un moment qui vous convient, ou n'hésitez pas à réserver un créneau directement sur mon calendrier en utilisant le lien ci-dessous."

2. Suivis stratégiques

Le suivi auprès de vos prospects et clients est crucial pour entretenir des relations et rester prioritaire. Cependant, il est essentiel d'effectuer un suivi stratégique pour éviter d'être perçu comme insistant ou spam. Voici quelques bonnes pratiques pour les suivis stratégiques :

- **Réponse en temps opportun :** Répondez rapidement à tous les messages ou demandes que vous recevez. Essayez de répondre dans les 24 à 48 heures pour démontrer votre écoute et votre professionnalisme.
- **Suivis à valeur ajoutée :** Au lieu de simplement enregistrer ou envoyer des messages de suivi génériques, apportez une valeur supplémentaire à chaque interaction. Partagez des

informations pertinentes sur l'industrie et des ressources utiles, ou invitez-les à des webinaires ou à des événements pertinents qui correspondent à leurs intérêts.

- **Rappel de la conversation précédente :**Lors du suivi, reportez-vous à toutes les conversations ou interactions précédentes pour rafraîchir leur mémoire et maintenir la continuité. Cela montre que vous appréciez la relation et que vous avez été attentif à leurs besoins.
- **Plusieurs canaux de communication :** Variez vos canaux de communication pour toucher vos prospects là où ils sont le plus actifs. En plus des messages LinkedIn, envisagez d'utiliser le courrier électronique, les appels

téléphoniques ou même de vous connecter sur d'autres plateformes de médias sociaux, le cas échéant.

Exemples de sensibilisation et de suivi personnalisés

Pour illustrer l'efficacité de la sensibilisation et des suivis personnalisés, explorons quelques exemples :

Exemple 1: Renouer avec un ancien collègue :

"Salut [Nom du collègue], Cela fait un moment que nous ne nous sommes pas rencontrés, et j'ai remarqué sur LinkedIn que vous êtes récemment passé à un nouveau rôle de directeur marketing. Félicitations pour le nouveau poste ! Je voulais me reconnecter et voir comment les choses se sont passées. compte tenu de votre expertise en marketing

numérique, j'ai pensé que vous pourriez être intéressé par un nouvel outil que nous avons développé pour vous aider à rationaliser vos campagnes marketing et à améliorer votre retour sur investissement. J'aimerais planifier un appel rapide pour en discuter plus en détail . Faites-moi savoir si vous êtes disponible la semaine prochaine.

Exemple 2 : Faire le suivi d'un prospect après un événement de réseautage : "Bonjour [nom du prospect], ce fut un plaisir de vous rencontrer hier à la conférence de l'industrie. J'ai apprécié notre conversation sur les défis auxquels votre entreprise est confrontée en matière de fidélisation de la clientèle. Comme promis, j'ai joint un livre électronique qui fournit des informations détaillées stratégies pour améliorer la fidélité de la clientèle. Je pense que vous le trouverez utile. Je serais intéressé de connaître votre avis sur le contenu et de discuter de la manière dont nous pouvons adapter ces stratégies à vos besoins commerciaux spécifiques. Si vous êtes disponible pour un appel suivant semaine, faites-le moi savoir. Merci !"

N'oubliez pas que la clé d'une sensibilisation et d'un suivi personnalisés réussis est de montrer un intérêt sincère, d'apporter de la valeur et d'adapter votre communication aux besoins et aux intérêts du destinataire. En employant ces stratégies et en tirant parti du pouvoir de la personnalisation, vous pouvez établir des relations solides qui mènent au succès à long terme sur LinkedIn.

Fournir de la valeur par le contenu

Le contenu est un outil puissant pour entretenir des relations et vous établir comme une ressource de confiance dans votre secteur. En partageant un contenu précieux et pertinent, vous apportez une valeur continue à vos relations et vous vous positionnez en tant qu'expert.

Conservation et partage des informations sur l'industrie

Organisez et partagez les informations, les tendances et les actualités de l'industrie qui sont précieuses pour votre public cible. Cela peut inclure des articles, des rapports ou des éléments de leadership éclairé. Ajoutez votre point de vue unique au contenu que vous partagez, en mettant en évidence les principaux points à retenir ou en offrant des informations supplémentaires. En fournissant constamment un contenu précieux, vous démontrez votre expertise et renforcez la confiance de vos relations dans vos connaissances et vos capacités. En fournissant constamment des informations précieuses et pertinentes à votre réseau, vous pouvez vous positionner comme une source d'expertise fiable et approfondir vos relations avec des clients et partenaires potentiels. Dans ce chapitre, nous explorerons l'importance de la conservation et du partage des informations sur l'industrie sur LinkedIn et vous fournirons des stratégies concrètes pour mettre en œuvre efficacement cette approche.

La valeur de la conservation et du partage des informations sur l'industrie

La conservation et le partage des informations sur l'industrie ont plusieurs objectifs pour entretenir les relations sur LinkedIn. Premièrement, il démontre vos connaissances et votre expertise dans votre domaine, vous permettant de vous établir comme une autorité crédible. Lorsque vous partagez régulièrement du contenu précieux, votre réseau s'appuiera sur vous pour obtenir des mises à jour, des tendances et des informations précieuses sur l'industrie. Deuxièmement, le partage des informations sur l'industrie contribue à renforcer la confiance et la crédibilité de vos relations. En fournissant constamment des informations précieuses, vous montrez que vous êtes investi dans le succès de votre réseau et que vous êtes véritablement intéressé à aider les autres. Cela peut conduire à un engagement accru, à des conversations significatives et, finalement, à des relations à long terme.

Stratégies pour une conservation et un partage efficaces

Pour organiser et partager efficacement les informations sur l'industrie, envisagez les stratégies suivantes :

1. Identifiez les sources fiables

Il est crucial de conserver du contenu provenant de sources fiables et faisant autorité au sein de votre secteur. Cela peut inclure des publications industrielles réputées, des rapports de recherche, des leaders d'opinion influents ou des blogs réputés. En partageant du contenu provenant de sources fiables, vous renforcez votre propre crédibilité et vous vous assurez que les informations que vous fournissez sont exactes et précieuses.

2. Concentrez-vous sur la pertinence

Lors de la conservation du contenu, concentrez-vous sur la sélection d'informations pertinentes pour votre public cible. Tenez compte de leurs intérêts, de leurs points faibles et de leurs besoins. Adaptez les informations que vous partagez pour aborder ces domaines spécifiques, en fournissant des conseils pratiques et exploitables. Cette approche ciblée trouvera un écho auprès de vos relations et démontrera votre compréhension des défis de leur industrie.

3. Ajoutez de la valeur grâce aux commentaires

Lorsque vous partagez des informations sur l'industrie, ne vous contentez pas de republier ou de partager des liens. Au lieu de cela, ajoutez de la valeur en fournissant vos propres commentaires et idées. Partagez votre point de vue sur les informations, mettez en évidence les principaux points à retenir et offrez des conseils pratiques ou des recommandations. Cette touche personnelle montre votre expertise et ajoute de la profondeur au contenu que vous partagez.

4. Encouragez l'engagement et la conversation

Lorsque vous partagez des informations sur l'industrie, visez à susciter des conversations et à engager votre réseau. Posez des questions stimulantes, demandez des avis et encouragez vos relations à partager leurs idées ou leurs expériences liées au contenu. Engagez des discussions constructives, répondez aux commentaires et nourrissez les conversations qui surviennent. Cette approche interactive favorise l'engagement et renforce les relations.

Exemple : Organisation et partage d'informations sur l'industrie

Prenons un exemple pour illustrer les stratégies discutées ci-dessus. Imaginez que vous êtes un expert en marketing numérique spécialisé dans le marketing de contenu. Vous tombez sur un article perspicace d'une publication marketing réputée qui traite des dernières tendances en matière de stratégies de distribution de contenu.

Au lieu de simplement partager l'article, vous pouvez appliquer les stratégies mentionnées précédemment :
Titre:L'avenir de la distribution de contenu : tendances et stratégies émergentes
Commentaire : "Des informations passionnantes sur l'avenir de la distribution de contenu ! Cet article met en évidence les tendances émergentes auxquelles les spécialistes du marketing doivent prêter attention. J'ai trouvé la section sur l'exploitation des algorithmes basés sur l'IA particulièrement fascinante. Il est clair que la personnalisation et le ciblage joueront un rôle important dans le succès de la distribution de contenu dans les années

à venir. Que pensez-vous de ces tendances ? Intégrez-vous déjà l'IA dans votre stratégie de distribution de contenu ?"

En ajoutant votre propre commentaire, en posant des questions et en invitant votre réseau à partager ses réflexions, vous créez une publication engageante qui encourage la conversation. Cette approche démontre votre expertise, initie des interactions significatives et nourrit les relations avec vos connexions.

N'oubliez pas que la cohérence est essentielle lors de la conservation et du partage des informations sur l'industrie. Essayez de fournir régulièrement du contenu précieux, établissez une réputation en tant que source d'informations fiable et favorisez l'engagement au sein de votre réseau.

En mettant en œuvre ces stratégies, vous pouvez entretenir des relations pour un succès à long terme sur LinkedIn.

Création de contenu éducatif et informatif

Envisagez de créer votre propre contenu éducatif et informatif qui aborde les points faibles et les défis de vos relations. Cela peut prendre la forme d'articles de blog, de vidéos, d'infographies ou de ressources téléchargeables. Fournissez des conseils pratiques, des conseils pratiques et des guides étape par étape qui aident vos connexions à surmonter leurs défis spécifiques. Le contenu éducatif fait de vous une ressource précieuse et renforce vos relations.

Plongeons-nous dans les meilleures pratiques et les stratégies éprouvées pour créer un contenu éducatif convaincant sur LinkedIn.

Pourquoi le contenu éducatif est important

Le contenu éducatif est un outil puissant pour engager votre public et vous établir comme une autorité dans votre secteur. En partageant des idées, des conseils et des connaissances précieux, vous démontrez votre expertise et apportez une valeur tangible à votre réseau. Le contenu éducatif vous aide à renforcer la confiance et la crédibilité, ce qui facilite l'entretien des relations et la conversion des prospects en clients à long terme.

Identifier les sujets pertinents

Pour créer un contenu éducatif qui résonne avec votre public, il est crucial d'identifier les sujets qui sont pertinents et précieux pour eux. Tenez compte des points faibles, des défis et des questions auxquels votre public cible est généralement confronté. Effectuez des recherches, écoutez leurs commentaires et suivez les tendances du secteur pour rester informé sur les sujets les plus importants pour votre réseau.

Fournir des informations exploitables

Lors de la création de contenu éducatif, concentrez-vous sur la fourniture d'informations exploitables que votre public peut mettre en œuvre et dont il peut bénéficier. Partagez des conseils pratiques, des stratégies et des guides étape par étape qui permettent à votre public d'agir et de voir les résultats. En offrant une valeur tangible, vous vous positionnez comme une ressource de confiance et augmentez la probabilité d'engagement et de conversion.

Formats pour le contenu éducatif

LinkedIn propose différents formats pour mettre en valeur votre contenu éducatif. Considérez ces formats et choisissez ceux qui correspondent aux préférences de votre public et à la nature de votre contenu :

1. **Articles et billets de blog :** Rédigez des articles approfondis ou des articles de blog qui plongent dans un sujet spécifique. Utilisez des techniques de narration, des données et des exemples concrets pour rendre votre contenu attrayant et pertinent.

2. **Infographie :** Visualisez des informations ou des données complexes dans un format facile à comprendre et visuellement attrayant. Les infographies sont hautement partageables et peuvent rapidement attirer l'attention de votre public.

3. **Vidéos:** Créez des vidéos informatives et engageantes où vous partagez vos connaissances et votre expertise. Vous pouvez utiliser des enregistrements d'écran, des interviews ou des présentations pour diffuser efficacement votre contenu.

4. **Podcast :** Hébergez un podcast où vous invitez des experts de l'industrie ou partagez vos idées sur des sujets pertinents. Les podcasts offrent à votre public un moyen pratique de

consommer du contenu éducatif lors de vos déplacements.

Citant des exemples appropriés

Citer des exemples appropriés dans votre contenu éducatif ajoute de la crédibilité et aide votre public à mieux comprendre les concepts dont vous discutez.

Considérez les exemples suivants :

1. Si vous écrivez un article sur les stratégies de vente efficaces, vous pouvez partager une histoire de réussite sur la façon dont une entreprise a augmenté ses ventes en mettant en œuvre une technique spécifique.

2. Dans une vidéo traitant des tendances marketing, vous pouvez citer des exemples de marques qui

ont utilisé avec succès des stratégies innovantes pour atteindre leur public cible et obtenir des résultats remarquables.

3. Lors de la création d'une infographie sur les hacks de productivité, vous pouvez inclure des exemples concrets d'individus ou d'entreprises qui ont amélioré leur productivité en adoptant des pratiques spécifiques.

En incorporant des exemples pertinents et pertinents, vous rendez votre contenu éducatif plus attrayant et percutant, augmentant ainsi les chances de trouver un écho auprès de votre public.

Bâtir des communautés et du réseautage

LinkedIn offre diverses opportunités pour créer des communautés et étendre votre réseau. En participant activement à des groupes, des événements et des conversations, vous pouvez vous connecter avec des professionnels partageant les mêmes idées, vous engager avec votre public cible et favoriser des relations précieuses.

Rejoindre et contribuer à des groupes

Identifiez et rejoignez des groupes LinkedIn qui correspondent à votre secteur ou à votre public cible. Contribuez activement en partageant des idées, en répondant aux questions et en participant aux discussions. Soyez une ressource utile et apportez de la

valeur aux autres membres du groupe.
Engagez-vous avec des chefs de
groupe et des influenceurs et établissez
des relations avec d'autres
professionnels qui peuvent devenir des
clients potentiels, des partenaires ou
des défenseurs de votre marque.

Réseautage à travers des événements et des webinaires

Profitez des événements et des
webinaires de LinkedIn pour élargir
votre réseau et établir de nouvelles
relations. Assistez à des événements
pertinents et dialoguez avec les
participants par le biais de
conversations et de connexions
significatives. Envisagez d'organiser vos
propres webinaires ou événements
virtuels pour partager votre expertise et
attirer des prospects intéressés. Le

réseautage à travers des événements crée des opportunités pour entretenir des relations et découvrir de nouvelles perspectives commerciales.

Tirer parti de LinkedIn Sales Navigator

LinkedIn Sales Navigator est un outil puissant qui peut améliorer vos efforts d'établissement de relations. Il fournit des filtres de recherche avancés, des recommandations de prospects et des informations en temps réel pour vous aider à identifier et à interagir efficacement avec votre public cible. Dans cette section, nous approfondirons les stratégies et les fonctionnalités de LinkedIn Sales Navigator qui peuvent vous aider à établir et à entretenir efficacement des relations.

Qu'est-ce que LinkedIn Sales Navigator ?

LinkedIn Sales Navigator est un outil premium conçu spécifiquement pour les professionnels de la vente. Il offre une gamme de caractéristiques et de fonctionnalités qui permettent une prospection ciblée, le développement de prospects et l'établissement de relations. Avec Sales Navigator, vous pouvez accéder à des informations précieuses, étendre votre réseau et interagir avec des prospects de manière plus personnalisée et significative.

Stratégies pour tirer parti de LinkedIn Sales Navigator

1. Recherche et filtrage avancés :

LinkedIn Sales Navigator fournit des options de recherche et de filtrage robustes, vous permettant d'identifier vos prospects idéaux en fonction de divers critères. Voici quelques stratégies pour tirer parti efficacement de cette fonctionnalité :

- **Secteur d'activité ciblé et intitulés de poste :** Utilisez les filtres de recherche avancés pour affiner votre recherche en fonction du secteur et des titres de poste spécifiques pertinents pour votre public cible. Par exemple, si vous proposez des services de conseil en marketing, vous pouvez rechercher des responsables marketing ou des directeurs marketing dans les secteurs dans lesquels vous vous spécialisez.
- **Orientation géographique :** Affinez votre recherche par emplacement pour entrer en contact avec des prospects dans des régions ou des

pays spécifiques. Ceci est particulièrement utile si vos produits ou services s'adressent à un marché géographique spécifique.

LinkedIn Sales Navigator vous permet d'enregistrer des prospects et de recevoir des alertes en temps réel, vous tenant informé de leurs activités et permettant un engagement rapide. Voici quelques stratégies pour tirer le meilleur parti de cette fonctionnalité :

- **Veille Stratégique :** Enregistrez les prospects qui correspondent à votre profil de client cible et consultez régulièrement les alertes pour rester informé de leurs mises à jour, telles que les changements d'emploi, les actualités de l'entreprise ou le contenu qu'ils partagent. Cela fournit des informations précieuses pour initier des conversations et entretenir des relations.

- **S'engager avec les mises à jour pertinentes :** Lorsque vous recevez une alerte concernant l'activité d'un lead, comme la publication d'un article ou le partage d'une publication, profitez-en pour interagir avec son contenu. Laissez des commentaires réfléchis ou partagez leur contenu au sein de votre réseau, en mettant en valeur votre intérêt et votre expertise. Cela aide à établir une relation et augmente les chances de démarrer une conversation significative.

3.InMail et messagerie personnalisée :

InMail vous permet d'envoyer des messages directs à des prospects qui ne font pas partie de votre réseau. La messagerie personnalisée est essentielle pour établir des liens significatifs. Voici quelques stratégies pour tirer parti efficacement d'InMail :

- **Recherche et personnalisation :**Avant de tendre la main, faites des recherches approfondies sur les antécédents, les intérêts et les activités récentes du prospect. Utilisez ces informations pour adapter votre message et montrer que vous avez pris le temps de comprendre leurs besoins. Par exemple, vous pouvez faire référence à un événement récent de l'industrie auquel ils ont assisté ou à un article qu'ils ont publié et exprimer votre intérêt à discuter de sujets connexes.

- **Approche axée sur la valeur :** Concentrez-vous sur la valeur ajoutée de vos messages InMail. Mettez en évidence comment votre produit ou service peut résoudre un défi spécifique auquel ils peuvent être confrontés. Partagez des informations pertinentes, des études de cas ou des exemples de réussite pour démontrer les avantages qu'ils peuvent attendre de travailler avec vous.

Exemples d'utilisation de LinkedIn Sales Navigator

- Exemple 1 : Imaginez que vous êtes un professionnel de la vente offrant**Prestations de conseil RH.**

En utilisant LinkedIn Sales Navigator, vous pouvez rechercher des directeurs des ressources humaines dans l'industrie manufacturière dans un rayon de 50 miles de votre emplacement. Vous pouvez affiner davantage la recherche en filtrant les entreprises de plus de 500 employés. Cette approche ciblée vous permet de vous connecter avec des prospects qui sont susceptibles d'avoir des défis RH et un potentiel plus élevé pour avoir besoin de votre expertise.

- **Exemple 2 :** Supposons que vous soyez commercial pour une société de logiciels spécialisée dans la gestion de la relation client (**GRC**) solutions. Vous recevez une alerte de LinkedIn Sales Navigator indiquant que l'un de vos prospects enregistrés, un responsable des ventes dans une grande entreprise technologique, a partagé un article sur l'amélioration de la productivité des ventes. Vous profitez de cette occasion pour vous engager avec leur message en laissant un commentaire exprimant votre appréciation pour les idées partagées et en partageant l'article avec votre réseau. Cette interaction aide à amorcer une conversation et vous positionne comme une ressource compétente dans le domaine.

Résumé

Le chapitre 3 de "Maîtrise de la vente sur LinkedIn : déverrouiller des pistes rentables et dominer le marché mondial" souligne l'importance d'entretenir des relations pour un succès à long terme sur LinkedIn. En employant les stratégies décrites dans ce chapitre, telles que l'écoute active et l'engagement, la sensibilisation personnalisée, la création de valeur par le biais du contenu, la création de communautés et l'utilisation de LinkedIn Sales Navigator, vous pouvez développer des liens solides et significatifs qui mènent à des relations commerciales durables et vous permettent de dominer le marché mondial.

Chapitre 4 : Tirer parti des groupes LinkedIn pour un engagement ciblé

Dans ce chapitre, nous nous penchons sur la puissance des groupes LinkedIn en tant qu'outil précieux pour un engagement ciblé. Les groupes LinkedIn offrent une occasion unique de se connecter avec des professionnels partageant les mêmes idées, de partager des idées et d'établir des relations dans des secteurs ou des domaines d'intérêt spécifiques. Nous explorerons des stratégies éprouvées pour exploiter efficacement les groupes LinkedIn afin de débloquer des prospects rentables et de dominer le marché mondial.

Comprendre les avantages des groupes LinkedIn

Les groupes LinkedIn offrent plusieurs avantages qui en font un élément essentiel de votre stratégie de vente et de réseautage. En rejoignant et en vous engageant activement dans des groupes pertinents, vous pouvez :

Connectez-vous avec des publics ciblés

Les groupes LinkedIn donnent accès à un public très ciblé de professionnels qui partagent des intérêts communs ou travaillent dans des secteurs spécifiques. Cela vous permet d'entrer en contact avec des personnes plus susceptibles d'être intéressées par vos produits ou services. S'engager avec un public de niche dans des groupes augmente les chances de générer des prospects de qualité et d'établir des relations significatives.

Établir l'autorité et la crédibilité

Participer activement aux groupes LinkedIn vous permet de mettre en valeur votre expertise et de vous établir en tant que leader d'opinion dans votre secteur. En partageant des informations précieuses, en répondant aux questions et en fournissant des ressources utiles, vous pouvez vous positionner comme une autorité de confiance. Construire une crédibilité au sein des groupes améliore votre réputation et attire des clients ou des collaborateurs potentiels qui apprécient votre expertise.

Identifier et rejoindre des groupes pertinents

Pour exploiter efficacement les groupes LinkedIn, il est essentiel d'identifier et de rejoindre des groupes qui correspondent à votre public cible et à votre secteur. Voici quelques stratégies pour trouver et rejoindre des groupes pertinents :

Rechercher et explorer

Effectuez des recherches approfondies sur LinkedIn pour identifier les groupes qui répondent à votre marché cible. Recherchez des groupes à l'aide de mots-clés pertinents, de termes spécifiques à l'industrie ou de titres de poste. Explorez les descriptions, les discussions et les profils des membres des groupes pour vous assurer qu'ils correspondent à vos objectifs et offrent des opportunités d'engagement significatif.

Évaluer l'activité et l'engagement du groupe

Évaluez le niveau d'activité et l'engagement au sein d'un groupe avant de vous joindre. Recherchez des groupes avec des discussions régulières, une participation active et un bon nombre de membres. Évitez les groupes avec un faible engagement ou un nombre élevé de spams. Une communauté dynamique et engagée est plus susceptible de fournir de précieuses opportunités de réseautage et des pistes potentielles.

Engagement et valeur ajoutée

Une fois que vous avez rejoint les groupes LinkedIn pertinents, il est crucial de s'engager activement et d'apporter de la valeur à la communauté. Voici quelques stratégies efficaces pour maximiser votre engagement :

Participer aux discussions

Participez à des discussions de groupe en partageant vos idées, votre expertise et vos points de vue sur des sujets pertinents. Offrez des commentaires réfléchis et posez des questions perspicaces qui déclenchent des conversations significatives. Contribuez activement aux discussions pour vous établir comme un membre précieux de la communauté et attirer l'attention de prospects potentiels.

Partagez des ressources précieuses

Partagez des ressources pertinentes et précieuses telles que des articles, des articles de blog, des rapports ou des études de cas au sein du groupe. Assurez-vous que le contenu que vous partagez fournit des informations exploitables ou résout les problèmes courants des membres du groupe. Le partage de ressources précieuses vous positionne comme une ressource utile et encourage les autres à s'engager avec vous.

Construire des relations

Les groupes LinkedIn offrent une excellente occasion d'établir des relations avec des personnes qui partagent des intérêts communs ou travaillent dans des secteurs similaires.

Voici des stratégies pour favoriser des liens significatifs :

Connectez-vous avec les membres du groupe

Identifiez les personnes au sein du groupe qui sont actives et partagent des informations précieuses. Envoyez-leur des demandes de connexion personnalisées, en mentionnant votre intérêt mutuel pour le groupe et en exprimant votre désir de vous connecter et de collaborer. Établir des liens avec des membres actifs et engagés du groupe augmente vos chances d'entretenir des relations précieuses.

Initier des conversations privées

Les groupes LinkedIn offrent la possibilité d'envoyer des messages privés à d'autres membres. Utilisez cette fonctionnalité pour initier des conversations privées avec des personnes qui ont manifesté leur intérêt pour vos publications ou qui ont des informations précieuses à offrir. Engagez des discussions constructives, partagez des ressources et explorez les opportunités de collaboration potentielles.

Résumé

Le chapitre 4 de "Maîtrise de la vente LinkedIn : déverrouiller des prospects rentables et dominer le marché mondial" souligne l'importance de tirer parti des groupes LinkedIn pour un engagement ciblé. En comprenant les avantages des groupes LinkedIn, en rejoignant des groupes pertinents, en vous engageant activement, en apportant de la valeur et en établissant des relations au sein des groupes, vous pouvez débloquer des prospects rentables et vous établir comme une autorité dans votre secteur. En mettant en œuvre les stratégies décrites dans ce chapitre, vous serez bien équipé pour tirer pleinement parti des groupes LinkedIn et obtenir un avantage concurrentiel sur le marché mondial.

Chapitre 5 : Maîtriser LinkedIn Sales Navigator

Dans ce chapitre, nous nous penchons sur les puissantes fonctionnalités et stratégies de LinkedIn Sales Navigator. LinkedIn Sales Navigator est un outil premium conçu spécifiquement pour les professionnels de la vente afin de débloquer des prospects rentables et de dominer le marché mondial. Nous explorerons les fonctionnalités et les stratégies éprouvées pour maîtriser LinkedIn Sales Navigator et élever vos efforts de vente vers de nouveaux sommets.

Comprendre les avantages de LinkedIn Sales Navigator

LinkedIn Sales Navigator offre une gamme d'avantages qui peuvent considérablement améliorer l'efficacité de vos ventes. En maîtrisant cet outil, vous pourrez :

Identifier et cibler les bons prospects

LinkedIn Sales Navigator propose des filtres de recherche avancés qui vous permettent d'identifier et de cibler des prospects en fonction de critères spécifiques. Affinez votre recherche par secteur, titre de poste, taille de l'entreprise, emplacement, etc. Ce ciblage précis vous permet de concentrer vos efforts sur les prospects à fort potentiel, augmentant ainsi la probabilité de générer des opportunités rentables.

Accédez à des informations en temps réel

Restez informé de vos prospects et relations grâce à des informations en temps réel. LinkedIn Sales Navigator fournit des informations précieuses, telles que les changements d'emploi, les mises à jour de l'entreprise et les activités d'engagement. Utilisez ces informations pour personnaliser votre portée et interagir avec les prospects en fonction de leur situation actuelle. Les informations en temps réel vous donnent un avantage concurrentiel et vous aident à adapter votre approche pour un impact maximal.

Exploiter la recherche avancée et les recommandations de prospects

LinkedIn Sales Navigator offre de puissantes capacités de recherche etfils recommandations pour soutenir vos efforts de vente. Voici comment tirer le meilleur parti de ces fonctionnalités :

Utiliser les filtres de recherche avancés

Profitez des filtres de recherche avancés de Sales Navigator pour affiner vos efforts de prospection. Utilisez les différents critères pour cibler des industries spécifiques, des fonctions professionnelles, des niveaux d'ancienneté, etc. En affinant votre recherche, vous pouvez vous concentrer sur les prospects qui sont les plus susceptibles d'être intéressés par vos offres et qui ont le pouvoir de prendre des décisions d'achat.

Tirez parti des recommandations de prospects

Sales Navigator fournit des recommandations de prospects basées sur vos prospects enregistrés, vos connexions et votre historique de recherche. Ces recommandations offrent des informations précieuses sur les prospects potentiels qui correspondent à votre public cible. Explorez ces recommandations pour découvrir de nouvelles opportunités d'établissement de relations et de croissance des ventes. S'engager activement avec ces prospects recommandés peut conduire à des relations précieuses et à des opportunités commerciales lucratives.

S'engager avec une sensibilisation personnalisée et des messages InMail

LinkedIn Sales Navigator propose des messages InMail, une fonctionnalité puissante qui vous permet d'envoyer des messages directs à des prospects même si vous n'êtes pas connecté. Voici comment vous pouvez tirer parti efficacement de la sensibilisation personnalisée et des messages InMail :

Créez des messages de sensibilisation personnalisés

Lorsque vous contactez des prospects, la personnalisation est essentielle. Adaptez vos messages pour répondre à leurs points faibles, défis ou intérêts spécifiques. Montrez que vous avez fait vos recherches et comprenez leur industrie ou leur rôle. En démontrant un réel intérêt pour leur réussite et en proposant des solutions sur mesure, vous augmentez considérablement les chances de capter leur attention et d'engager des conversations constructives.

Utiliser les messages InMail de manière stratégique

Les messages InMail fournissent une ligne de communication directe avec les prospects, vous donnant la possibilité de faire un argumentaire ou une offre convaincante. Cependant, il est important d'utiliser les messages InMail de manière stratégique et d'éviter d'être trop axé sur les ventes ou intrusif. Créez des messages engageants et concis qui communiquent clairement la valeur que vous pouvez apporter. Personnalisez vos messages InMail en faisant référence à des connexions partagées, des appartenances à des groupes ou des intérêts communs pour établir un rapport et une crédibilité.

Suivi et mesure du succès

LinkedIn Sales Navigator offre des capacités de suivi et de mesure robustes qui vous permettent d'évaluer l'efficacité de vos efforts de vente. Voici comment vous pouvez utiliser ces fonctionnalités :

Surveiller l'activité des comptes et des prospects

Suivez les activités du compte et des prospects à l'aide des fonctionnalités de suivi de Sales Navigator. Surveillez les vues de profil, l'engagement des publications et les interactions avec votre contenu. Ces informations donnent un aperçu du niveau d'intérêt et d'engagement de vos prospects. Utilisez ces mesures pour hiérarchiser les suivis, identifier les prospects chauds et évaluer l'efficacité de vos stratégies de sensibilisation.

Utiliser TeamLink et Team Reporting

Si vous faites partie d'une équipe de vente, tirez parti des fonctionnalités TeamLink et Team Reporting dans Sales Navigator. TeamLink vous permet de voir qui au sein de votre organisation a des liens avec des prospects, augmentant ainsi vos chances d'obtenir des présentations chaleureuses. Team Reporting offre une visibilité sur les efforts de vente collectifs, vous permettant d'identifier les meilleures pratiques, de mesurer les performances de l'équipe et d'aligner les stratégies pour des résultats optimaux.

Résumé

Le chapitre 5 de "Maîtrise des ventes LinkedIn : déverrouiller des pistes rentables et dominer le marché mondial" se concentre sur la maîtrise de LinkedIn Sales Navigator pour améliorer votre efficacité commerciale. En comprenant les avantages de Sales Navigator, en exploitant les filtres de recherche avancés et les recommandations de prospects, en vous engageant dans une sensibilisation personnalisée, en utilisant les messages InMail de manière stratégique et en suivant votre réussite, vous pouvez tirer parti de cet outil puissant pour débloquer des prospects rentables et obtenir un avantage concurrentiel sur le marché mondial. .

Chapitre 6 : Créer un contenu convaincant pour LinkedIn

Dans ce chapitre, nous explorons l'art de créer un contenu convaincant sur LinkedIn pour attirer et engager votre public cible. Le contenu joue un rôle crucial dans l'établissement de votre crédibilité, l'établissement de relations et, en fin de compte, le déblocage de prospects rentables. Nous nous plongerons dans les stratégies éprouvées et les meilleures pratiques pour créer un contenu captivant qui résonne avec votre public et vous aide à dominer le marché mondial.

Comprendre l'importance d'un contenu convaincant

Un contenu convaincant est essentiel pour renforcer la crédibilité, établir un leadership éclairé et susciter des interactions significatives avec votre réseau. Dans cette section, nous discuterons des stratégies et des exemples qui peuvent vous aider à comprendre l'importance de créer un contenu attrayant sur LinkedIn.

Pourquoi un contenu convaincant est-il important ?

Un contenu convaincant est la clé pour capter l'attention et l'intérêt de votre public cible sur LinkedIn. Il vous permet de vous établir comme une autorité dans votre secteur et de vous différencier de vos concurrents. Lorsque vous produisez régulièrement du contenu précieux et engageant, vous renforcez la confiance et la crédibilité parmi vos relations, ce qui peut finalement conduire à de nouvelles opportunités et à la croissance de votre entreprise.

Stratégies pour créer un contenu convaincant

1. Connaissez votre public

Pour créer un contenu convaincant, vous devez avoir une compréhension approfondie de votre public cible. Faites des recherches sur leurs besoins, leurs points faibles et leurs intérêts. Considérez les défis auxquels ils sont confrontés et les informations qu'ils recherchent. En connaissant votre public, vous pouvez adapter votre contenu pour qu'il réponde à ses besoins et préférences spécifiques.

2. Fournir des informations précieuses

Un contenu convaincant doit apporter de la valeur à votre public. Partagez des informations sur l'industrie, des astuces, des meilleures pratiques et des conseils pratiques. Aidez votre public à résoudre des problèmes, à surmonter des défis et à atteindre ses objectifs. Lorsque vous fournissez systématiquement un contenu précieux, vous vous positionnez comme une ressource de confiance et les gens rechercheront activement votre expertise.

Par exemple, si vous êtes un**conseillère en marketing numérique,** vous pouvez créer du contenu qui explique les dernières tendances et stratégies du secteur. Partagez des conseils pratiques sur**améliorer le référencement**,**augmentation des taux de conversion**, ou**optimiser les campagnes sur les réseaux sociaux.** En offrant des informations précieuses, vous vous établissez comme une autorité et attirez une clientèle de professionnels engagés à la recherche de votre expertise.

3. Utiliser des éléments visuels

Les éléments visuels jouent un rôle crucial pour capter l'attention et accroître l'engagement sur LinkedIn. Incorporez des images, des vidéos, des infographies et des présentations SlideShare accrocheuses dans votre contenu. Le contenu visuel a tendance à attirer davantage l'attention dans les fils d'actualité chargés et aide à communiquer les informations de manière plus engageante et mémorable. Par exemple, si vous partagez des statistiques ou des données, présentez-les dans une infographie visuellement attrayante ou créez une courte vidéo résumant les points clés. Le contenu visuel améliore non seulement l'attrait visuel, mais améliore également la compréhension et la possibilité de partage, augmentant ainsi la portée et l'impact de votre message.

Exemples de contenu convaincant

1. Articles sur le leadership éclairé

Rédigez des articles stimulants sur la plateforme de publication de LinkedIn. Partagez vos points de vue uniques, vos connaissances de l'industrie et des conseils pratiques. Fournir une analyse approfondie et proposer des solutions aux défis courants de l'industrie. Les articles sur le leadership éclairé démontrent votre expertise et vous positionnent en tant qu'influenceur de confiance de l'industrie.

Par exemple, un consultant en ressources humaines pourrait écrire un article sur **"5 stratégies pour constituer une équipe distante performante"** ou un expert en cybersécurité pourrait partager des informations sur **"Menaces émergentes pour la cybersécurité et comment les atténuer."** En mettant en valeur vos connaissances et votre expertise, vous attirez un public pertinent et engagé.

2. Contenu visuel engageant

Créez un contenu visuellement attrayant et informatif qui se démarque dans le fil d'actualité. Partagez des infographies, des présentations SlideShare ou des vidéos qui transmettent des informations précieuses d'une manière visuellement attrayante. Le contenu visuel est hautement partageable et peut aider à augmenter votre portée et votre engagement.

Par exemple, un**commercialisateur de médias sociaux**pourrait créer une infographie présentant *"10 stratégies* *pour stimuler l'engagement sur Instagram" ou un formateur en vente pourrait créer une présentation SlideShare sur "Techniques de négociation efficaces pour les professionnels de la vente.*" Ces ressources visuelles sont non seulement informatives mais aussi visuellement convaincantes, ce qui les rend plus susceptibles d'être partagées et utilisées par votre réseau.

3. Sondages et enquêtes interactifs

Engagez votre public en créant des sondages ou des enquêtes liés à votre secteur ou à un sujet spécifique. Cela encourage la participation et génère des informations précieuses. Utilisez les résultats pour créer un contenu de suivi qui répond aux intérêts et aux préférences de votre public.

Par exemple, un**consultant en marketing**pourrait créer un sondage demandant, "*Quel est votre plus grand défi de marketing de contenu ?*" ou un coach de carrière pourrait mener une enquête sur "*Les employeurs les plus qualifiés recherchent en 2023.*" En impliquant votre public, vous collectez non seulement des données précieuses, mais vous montrez également que vous appréciez leurs opinions et que vous vous engagez à répondre à leurs besoins.

Contenu convaincant est la pierre angulaire de votre présence sur LinkedIn. Il vous permet de :

Établir l'autorité et le leadership éclairé

En partageant constamment du contenu précieux et perspicace, vous vous positionnez comme une autorité dans votre secteur. Votre contenu doit mettre en valeur votre expertise, fournir des perspectives uniques et aborder les points faibles et les défis auxquels votre public cible est confronté. En vous établissant comme leader d'opinion, vous gagnez en crédibilité et attirez l'attention de clients et collaborateurs potentiels.

Établir des relations et la confiance

Un contenu convaincant favorise des connexions significatives en offrant de la valeur à votre public. Lorsque votre contenu fournit constamment des informations, des solutions et de l'inspiration précieuses, il renforce la confiance et la fidélité de vos abonnés. Cette confiance jette les bases de relations à long terme qui peuvent déboucher sur des opportunités commerciales rentables.

Identifier votre public cible et comprendre ses besoins

Avant de créer du contenu, il est crucial d'identifier votre public cible et de comprendre ses besoins, ses préférences et ses points faibles. Voici comment procéder :

Mener des études de marché

Faites des recherches sur votre secteur, votre créneau et votre marché cible pour mieux comprendre votre public. Identifiez leurs données démographiques, leurs intérêts, leurs défis et leurs aspirations. Utilisez des outils tels que LinkedIn Insights et Google Analytics pour collecter des données et des informations sur les préférences et le comportement de votre public.

Créer des personas d'acheteur

Développez des buyer personas détaillés qui représentent vos clients idéaux. Tenez compte de leurs titres de poste, de leurs responsabilités, de leurs objectifs et de leurs défis. Comprenez leurs motivations et leurs points faibles, et adaptez votre contenu pour répondre à ces besoins spécifiques. La création de personas d'acheteur vous aide à créer un contenu ciblé et pertinent qui résonne avec votre public.

Créer un contenu engageant et précieux

Pour créer un contenu convaincant qui captive votre public, envisagez les stratégies suivantes :

Choisissez des sujets pertinents

Sélectionnez des sujets pertinents pour votre secteur, votre public cible et les tendances actuelles. Restez à jour avec les dernières nouvelles, les développements et les défis dans votre domaine. Votre contenu doit fournir des informations précieuses, des conseils pratiques et des solutions que votre public peut appliquer à sa vie professionnelle.

Utiliser différents formats de contenu

Diversifiez vos formats de contenu pour répondre aux différentes préférences et habitudes de consommation. Envisagez d'utiliser une combinaison d'articles, de vidéos, d'infographies, de podcasts et de présentations SlideShare. Expérimentez avec différents formats pour voir lesquels résonnent le plus avec votre public.

Créer des titres accrocheurs

Un titre convaincant est crucial pour capter l'attention de votre public. Utilisez des titres puissants, descriptifs et incitant à la curiosité qui obligent les gens à cliquer et à lire votre contenu. Incorporez des mots-clés pertinents à votre sujet et clarifiez la proposition de valeur dès le départ.

Fournir des informations et des solutions exploitables

Votre contenu doit fournir des informations exploitables, des conseils pratiques et des solutions que votre public peut appliquer dans sa vie professionnelle. Rendez votre contenu informatif, éducatif et exploitable pour démontrer votre expertise et apporter une véritable valeur à votre public.

Tirez parti des visuels et du multimédia

Les visuels peuvent considérablement améliorer l'attrait et l'impact de votre contenu. Incorporez des images, des tableaux et des graphiques de haute qualité pour étayer vos points clés et rendre votre contenu visuellement attrayant. Envisagez d'utiliser des vidéos, des animations et des éléments interactifs pour créer des expériences de contenu plus dynamiques et immersives.

S'engager avec votre public et encourager l'interaction

L'engagement est la clé du succès de votre stratégie de contenu sur LinkedIn. Voici des stratégies pour interagir activement avec votre public :

Répondre aux commentaires et aux messages

Lorsque des personnes commentent vos publications ou vous envoient des messages, répondez rapidement et de manière réfléchie. Engagez des conversations, répondez aux questions et montrez un intérêt sincère pour leurs pensées et leurs opinions. Cette interaction bidirectionnelle renforce les relations et fait de vous un professionnel accessible et réactif.

Participer à des groupes LinkedIn

Rejoignez les groupes LinkedIn pertinents de votre secteur et participez activement aux discussions. Partagez vos idées, apportez des informations précieuses et offrez des conseils aux membres du groupe. S'engager dans des conversations de groupe élargit votre portée, augmente votre visibilité et vous aide à établir des relations avec des professionnels partageant les mêmes idées.

Mesurer et affiner votre stratégie de contenu

Pour garantir l'efficacité de votre stratégie de contenu, mesurez les indicateurs clés et apportez des améliorations basées sur les données :

Analyser les performances des publications

Suivez les performances de vos publications à l'aide des outils d'analyse de LinkedIn. Analysez les métriques telles que les vues, les likes, les commentaires et les partages pour comprendre ce qui résonne avec votre public. Identifiez les types de contenu, les sujets et les formats qui génèrent le plus d'engagement et reproduisez leur succès dans les futurs messages. Nous allons maintenant discuter des stratégies et des techniques pour analyser les performances des publications sur LinkedIn et affiner votre stratégie de contenu pour des résultats optimaux.

Mesurer les performances des publications sur LinkedIn

LinkedIn fournit des analyses et des informations précieuses qui peuvent vous aider à évaluer l'efficacité de votre contenu. En comprenant les performances de vos publications, vous pouvez identifier ce qui résonne auprès de votre public et prendre des décisions éclairées pour améliorer votre stratégie de contenu.

Voici quelques stratégies et mesures clés à prendre en compte :

1. **Métriques d'engagement :** LinkedIn fournit des mesures telles que les likes, les commentaires et les partages qui indiquent dans quelle mesure votre public interagit avec votre contenu. Faites attention au nombre de likes, car il reflète l'intérêt initial généré par votre publication.

Les commentaires donnent un aperçu du niveau de conversation et de discussions suscitées par votre contenu. Les partages indiquent la volonté de votre public d'amplifier votre message au sein de leurs réseaux. En surveillant ces mesures d'engagement, vous pouvez évaluer l'impact global et la pertinence de votre contenu.

Exemple de stratégie : Analysez vos publications les plus engageantes et identifiez les thèmes, sujets ou formats communs qui reçoivent des niveaux élevés d'interaction. Par exemple, si vous remarquez que votre public s'engage davantage avec des publications contenant des conseils pratiques ou des informations sur l'industrie, vous pouvez vous concentrer sur la création de plus de contenu de nature similaire pour stimuler l'engagement.

2. **Portée et impressions :** LinkedIn fournit également des données sur la portée et les impressions de vos publications. La portée fait référence au nombre d'individus uniques qui ont vu votre contenu, tandis que les impressions indiquent le nombre total de fois où votre contenu a été affiché. En suivant ces mesures, vous pouvez évaluer la visibilité et l'impact de vos publications auprès de votre public cible.

Exemple de stratégie : Comparez la portée et les impressions de vos différents types de contenu. Si vous constatez que certains formats ou sujets génèrent systématiquement une portée et des impressions plus élevées, envisagez d'incorporer davantage de ces éléments dans votre stratégie de contenu. De plus, analysez les données démographiques et les industries de l'audience atteinte pour assurer l'alignement avec votre marché cible.

3. **Taux de clics** : LinkedIn vous permet de suivre les taux de clics (CTR) de vos publications, indiquant le pourcentage d'utilisateurs qui ont cliqué sur un lien ou un CTA dans votre contenu. Le suivi du CTR permet d'évaluer l'efficacité de votre appel à l'action et le niveau d'intérêt de votre public à explorer davantage. **Exemple de stratégie :** Analysez les publications avec des CTR élevés et évaluez les éléments qui contribuent à leur succès. Il peut s'agir d'un titre convaincant, d'un CTA clair et

attrayant ou de l'inclusion de contenu multimédia. Incorporez ces éléments dans vos futures publications pour générer des taux de clics plus élevés et guider votre public vers les actions souhaitées.

Affiner votre stratégie de contenu

Une fois que vous avez recueilli des données sur les performances de vos publications, il est essentiel d'affiner votre stratégie de contenu en conséquence. Voici quelques stratégies et approches à considérer :

1. **Thèmes et sujets de contenu :**Analysez les performances de différents thèmes et sujets de contenu pour identifier ceux qui résonnent le plus auprès de votre public. Concentrez-vous sur la création de contenu qui correspond à

leurs intérêts et à leurs points faibles, offrant des informations ou des solutions précieuses.

Exemple de stratégie : Supposons que vous remarquiez que votre public interagit davantage avec les publications liées au développement de carrière ou aux conseils de productivité. Dans ce cas, vous pouvez consacrer une plus grande partie de votre contenu à ces sujets et vous positionner en tant qu'expert dans ces domaines.

2. **Formats de contenu :** Expérimentez avec différents formats de contenu, tels que des publications textuelles, des images, des vidéos ou des infographies, pour déterminer quels formats génèrent le plus d'engagement et de portée.

Exemple de stratégie : Si vous

constatez que les vidéos reçoivent systématiquement un engagement et une portée plus élevés que les autres formats, envisagez d'incorporer plus de contenu vidéo dans votre stratégie. Expérimentez avec différents types de vidéos, tels que des didacticiels, des interviews ou des informations sur l'industrie, pour que votre contenu reste varié et attrayant.

3. **Optimisez les titres et les CTA :** Faites attention à la performance de vos titres et appels à l'action (CTA). Affinez et testez différentes variantes pour capter l'attention de votre public et l'inciter à passer à l'action.
Exemple de stratégie : Si vous découvrez que les titres avec des chiffres ou des questions intrigantes génèrent plus de clics, intégrez ces

éléments dans vos futurs messages. De même, expérimentez différents CTA pour trouver ceux qui conduisent aux actions souhaitées, comme le téléchargement d'une ressource ou l'inscription à un webinaire.

4. **Cohérence et timing :** Analysez les meilleurs jours et heures de publication pour maximiser la visibilité et l'engagement. La cohérence dans la publication aide à établir une présence fiable et garantit que votre public sait quand s'attendre à de nouveaux contenus.

Exemple de stratégie : Si vous constatez que votre public s'engage davantage les matins de la semaine, planifiez vos publications en conséquence pour augmenter la visibilité et les interactions. Testez différentes heures de publication pour identifier les plages horaires optimales pour votre public spécifique.

En mesurant et en affinant régulièrement votre stratégie de contenu basée sur des informations basées sur les données, vous pouvez améliorer en permanence votre contenu LinkedIn et obtenir un plus grand engagement et un succès à long terme.

Test et expérience A/B

Testez et expérimentez en permanence différentes stratégies de contenu pour optimiser vos résultats. Essayez différents formats de publication, titres, visuels et messages pour évaluer leur impact sur l'engagement et les conversions. Utilisez les tests A/B pour comparer différentes variantes et affiner votre approche en fonction des données. Dans cette section, nous explorerons la stratégie d'A/B testing et d'expérimentation pour mesurer et affiner votre stratégie de contenu sur LinkedIn.

Pourquoi tester et expérimenter A/B ?

Les tests A/B sont une méthode puissante qui vous permet de comparer deux versions différentes d'un élément de contenu et de mesurer laquelle est la plus performante en termes d'engagement, de taux de clics, de conversions et d'autres mesures clés. En menant des expériences et en analysant les résultats, vous pouvez obtenir des informations précieuses sur ce qui résonne auprès de votre public et prendre des décisions basées sur les données pour affiner votre stratégie de contenu.

1. **Titres et formats de publication :**Expérimentez avec différents styles de titres et formats de publication pour voir lesquels attirent le plus de clics et d'engagement. Par exemple, vous pouvez tester l'utilisation de titres basés sur des questions par rapport à des titres informatifs ou essayer de partager votre contenu sous forme de publication de texte, de publication d'image ou de publication vidéo. En suivant les performances de chaque variante, vous pouvez déterminer les formats qui suscitent le plus d'intérêt auprès de votre public cible.

Exemple: Une agence de marketing pourrait tester A/B deux titres pour un article de blog sur LinkedIn. Le titre A pourrait être« *10 stratégies marketing éprouvées pour booster votre présence en ligne* »,tandis que le titre B pourrait être"*Faites-vous ces erreurs de marketing courantes ? Découvrez-les maintenant !*"En comparant les taux de clics et les mesures d'engagement des deux titres, ils peuvent identifier celui qui attire le plus l'attention et génère un engagement plus élevé.

2. **Éléments visuels :** Testez différents éléments visuels, tels que des images, des infographies ou des vidéos, pour déterminer ceux qui résonnent le mieux auprès de votre public. Expérimentez avec différents designs, couleurs et compositions

pour trouver les visuels qui améliorent l'impact de votre contenu.

Exemple: Une marque de commerce électronique pourrait tester A/B des images de produits avec des arrière-plans unis par rapport à des images de style de vie présentant leurs produits utilisés dans des scénarios réels. En surveillant les taux de clics et les taux de conversion associés à chaque variation, ils peuvent comprendre quel style visuel est le plus persuasif pour susciter l'intérêt et les achats des clients.

Mesure et raffinement

Pour mesurer et affiner efficacement votre stratégie de contenu, envisagez les stratégies suivantes :

1. **Identifiez les indicateurs clés :**
    Déterminez les indicateurs clés que
    vous souhaitez suivre, tels que les
    taux de clics, les niveaux
    d'engagement, les taux de
    conversion ou le temps passé sur la
    page. Sélectionnez des métriques
    qui correspondent à vos objectifs de
    contenu et vous aident à évaluer le
    succès de vos expériences.

2. **Divisez votre audience :** Divisez
    votre public cible en segments plus
    petits et exposez chaque segment à
    différentes variations de contenu.
    Cela vous permet de comparer les
    performances de chaque variation
    dans un environnement contrôlé.

3. **Analyser les résultats :** Analysez
    les données de performance de
    chaque variation et comparez les
    résultats. Recherchez des modèles

et des tendances qui indiquent quels éléments de contenu résonnent le mieux avec votre public. Identifiez la variante gagnante et utilisez ces informations pour affiner votre future stratégie de contenu.

4. **Itérer et optimiser :** Sur la base des informations tirées des tests et expérimentations A/B, itérez et optimisez votre stratégie de contenu. Mettez en œuvre les enseignements tirés des variantes réussies et affinez continuellement votre approche pour maximiser l'engagement et atteindre vos objectifs.

En effectuant des tests et des expériences A/B, vous pouvez mieux comprendre les préférences de votre public et affiner votre stratégie de contenu en conséquence. N'oubliez pas de suivre les résultats, d'analyser les données et d'itérer en permanence pour créer un contenu convaincant qui stimule l'engagement et génère des prospects rentables sur LinkedIn.

Résumé

Le chapitre 6 de "Maîtrise de la vente sur LinkedIn : déverrouiller des prospects rentables et dominer le marché mondial" se concentre sur la création de contenu convaincant sur LinkedIn pour attirer, engager et convertir votre public cible. En comprenant l'importance d'un contenu convaincant, en identifiant les besoins de votre public cible, en créant un contenu engageant, en encourageant l'interaction et en mesurant votre stratégie de contenu, vous pouvez établir votre autorité, établir des relations et débloquer des prospects rentables sur la plateforme.

Chapitre 7 : Maximiser les opportunités publicitaires sur LinkedIn

Dans ce chapitre, nous explorons les puissantes opportunités publicitaires disponibles sur LinkedIn et comment vous pouvez les exploiter pour débloquer des prospects rentables et dominer le marché mondial. La plate-forme publicitaire de LinkedIn offre un moyen ciblé et efficace d'atteindre votre public idéal et de susciter un engagement significatif. Nous plongerons dans les stratégies éprouvées et les meilleures pratiques pour maximiser l'impact de vos campagnes publicitaires LinkedIn.

Comprendre les avantages de la publicité sur LinkedIn

La publicité LinkedIn offre plusieurs avantages uniques qui en font un outil précieux pour vos efforts de vente et de marketing. En utilisant les opportunités publicitaires de LinkedIn, vous pouvez :

Atteignez un public très ciblé

LinkedIn fournit des options de ciblage avancées qui vous permettent d'atteindre avec précision l'audience que vous souhaitez. Vous pouvez cibler en fonction de facteurs tels que le titre du poste, le secteur, la taille de l'entreprise, l'ancienneté, etc. Ce niveau de granularité garantit que vos annonces sont diffusées auprès des personnes les plus susceptibles d'être intéressées par vos produits ou services, ce qui augmente les chances de générer des prospects rentables.

Tirez parti des données et des informations professionnelles

LinkedIn dispose d'une mine de données professionnelles qui peuvent être utilisées pour affiner vos campagnes publicitaires. Vous pouvez puiser dans des informations sur les antécédents professionnels, les compétences, les intérêts et les comportements de votre public cible. Ces données vous permettent d'adapter votre message et vos éléments créatifs pour trouver un écho auprès de votre public et susciter un engagement plus élevé.

Choisir les bons objectifs publicitaires

Lors de la création de campagnes publicitaires LinkedIn, il est essentiel de choisir les bons objectifs publicitaires en fonction de vos objectifs de vente. Voici quelques objectifs communs et comment ils peuvent contribuer à votre succès :

Génération de leads

Si votre objectif principal est de générer des leads, vous pouvez créer des campagnes de génération de leads sur

LinkedIn. Ces campagnes incluent des formulaires de génération de prospects qui permettent aux utilisateurs de soumettre leurs informations de contact directement dans l'annonce, ce qui permet aux prospects d'exprimer facilement leur intérêt pour vos offres. En utilisant des formulaires de génération de leads, vous pouvez capturer des leads de haute qualité et les orienter vers la conversion.

Notoriété de la marque

Si votre objectif est d'accroître la visibilité et la notoriété de la marque, envisagez des campagnes de notoriété de la marque. Ces campagnes visent à toucher un large public et à générer des impressions. Ils vous aident à augmenter le rappel de la marque, à établir la familiarité et à créer une image de marque positive auprès de votre public cible.

Trafic du site Web

Pour générer du trafic vers votre site Web et augmenter les conversions, utilisez des campagnes de trafic de site Web. Ces campagnes dirigent les utilisateurs vers des pages de destination ou du contenu spécifiques sur votre site Web. En tirant parti des capacités de ciblage précis de LinkedIn, vous pouvez générer un trafic pertinent vers votre site, augmentant ainsi les chances de capturer des prospects ou de conduire les actions souhaitées.

Stratégies pour générer du trafic sur le site Web via LinkedIn

Pour maximiser vos efforts publicitaires sur LinkedIn et générer du trafic sur votre site Web, envisagez de mettre en œuvre les stratégies suivantes :

1. Contenu sponsorisé

Le contenu sponsorisé est un moyen efficace de promouvoir votre site Web et de générer du trafic. Vous pouvez créer des publications convaincantes et informatives qui apportent de la valeur à votre public cible. Ces messages peuvent inclure un appel à l'action (CTA) avec un lien vers votre site Web, encourageant les utilisateurs à visiter et à en savoir plus sur vos offres.

Exemple:

Supposons que vous dirigiez une agence de marketing numérique. Vous pouvez créer une publication de contenu sponsorisé qui offre des conseils et des idées sur l'amélioration du référencement. À la fin de la publication, incluez un CTA pour visiter votre site Web pour un guide SEO complet. Cette stratégie incite les utilisateurs de LinkedIn à cliquer sur le lien et à visiter votre site Web pour obtenir des informations plus précieuses.

2. Annonces textuelles

Les annonces textuelles LinkedIn sont un autre moyen efficace de générer du trafic vers votre site Web. Ces publicités apparaissent sur la plateforme LinkedIn et vous permettent de créer des messages concis et engageants avec un lien vers votre site Web. Utilisez une copie convaincante et un CTA clair pour inciter les utilisateurs à cliquer et à visiter votre site Web.

Exemple:

Supposons que vous ayez un**site e-commerce**vendre des produits de mode durables. Vous pouvez créer une annonce textuelle qui met en valeur votre dernière collection et offre un code de réduction. L'annonce peut inclure un CTA pour visiter votre site Web et utiliser le code de réduction lors du paiement. Cette stratégie encourage les utilisateurs de LinkedIn à cliquer sur l'annonce et à parcourir votre site Web pour effectuer un achat.

3. Pages vitrines

Les pages Vitrine de LinkedIn vous permettent de créer des pages dédiées à des**des produits**,**prestations de service**, ou**campagnes**. Ces pages peuvent être personnalisées avec un contenu et des visuels uniques, offrant la possibilité de présenter vos offres et de générer du trafic vers votre site Web. **Exemple:**

Supposons que vous ayez un**société de logiciels**avec plusieurs produits. Créez une page vitrine pour chaque produit, en mettant en évidence ses fonctionnalités et ses avantages. Incluez des liens sur chaque page vitrine qui dirigent les utilisateurs vers la page produit correspondante sur votre site Web. Cette stratégie augmente non seulement le trafic sur le site Web, mais offre également une expérience ciblée et personnalisée aux utilisateurs intéressés par des produits spécifiques.

4. InMail sponsorisé

Sponsored InMail vous permet d'envoyer des messages personnalisés aux utilisateurs de LinkedIn directement dans leur boîte de réception. Utilisez cette fonctionnalité pour envoyer des messages ciblés avec un CTA qui dirige

les destinataires vers votre site Web.
Personnalisez les messages en fonction
des informations de profil du destinataire
et de ses intérêts pour augmenter
l'engagement et les taux de clics.

Exemple:

Supposons que vous offriez un
programme de coaching professionnel.
Utilisez Sponsored InMail pour envoyer
des messages personnalisés aux
utilisateurs de LinkedIn qui
correspondent aux critères de votre
public cible, tels que les jeunes
diplômés ou les professionnels à la
recherche d'une évolution de carrière.
Dans le message, fournissez des
informations sur votre programme de
coaching et incluez un CTA pour visiter
votre site Web pour plus de détails.
Cette stratégie génère du trafic sur le
site Web en attirant l'attention de votre

public cible et en le dirigeant vers votre site Web pour plus d'informations.

Concevoir des publicités convaincantes

Pour maximiser l'impact de vos campagnes publicitaires sur LinkedIn, il est crucial de concevoir des publicités convaincantes. Voici quelques stratégies pour créer des publicités qui attirent l'attention :

Messagerie claire et concise

Rédigez votre texte publicitaire pour qu'il soit clair, concis et convaincant. Communiquez clairement la proposition de valeur de votre produit ou service et comment il peut bénéficier au public. Utilisez un langage concis et percutant pour capter l'attention et inciter les utilisateurs à s'engager davantage.

Visuels engageants

Utilisez des images ou des vidéos visuellement attrayantes qui correspondent à votre marque et captent l'attention de votre public cible. Des visuels de haute qualité peuvent aider votre annonce à se démarquer et à transmettre efficacement votre message. Envisagez d'utiliser des images de personnes ou des scènes pertinentes qui résonnent avec les aspirations et les objectifs professionnels de votre public.

Appel à l'action (CTA)

Incluez une incitation à l'action forte et claire dans vos annonces. Guidez les utilisateurs sur l'action que vous souhaitez qu'ils effectuent, par exemple

"S'inscrire maintenant," **"Apprendre encore plus,"** ou **"Demandez une démo."** Le CTA doit être convaincant et aligné sur votre objectif publicitaire.

Optimisation et suivi de vos campagnes

Pour assurer le succès de vos campagnes publicitaires LinkedIn, il est important de les optimiser et de les surveiller en permanence. Voici comment procéder :

Surveillance et réglage

Surveillez régulièrement les performances de vos campagnes à l'aide des analyses publicitaires de LinkedIn. Faites attention aux mesures clés telles que les taux de clics (CTR), les taux de conversion et le coût par acquisition (CPA). Si certaines campagnes ou publicités sont sous-performantes, ajustez votre ciblage, vos messages ou vos éléments créatifs pour améliorer leur efficacité.

Résumé

Le chapitre 7 de "LinkedIn Sales Mastery : Libérer des prospects rentables et dominer le marché mondial" se concentre sur la maximisation des opportunités publicitaires LinkedIn pour générer des prospects rentables et dominer le marché mondial. En comprenant les avantages de la publicité LinkedIn, en choisissant les bons objectifs, en concevant des publicités convaincantes et en optimisant vos campagnes, vous pouvez atteindre efficacement votre public cible, augmenter la visibilité de la marque et générer des prospects précieux.

Chapitre 8 : Exploiter LinkedIn Analytics pour un succès basé sur les données

Dans ce chapitre, nous nous penchons sur la puissance de l'analyse de LinkedIn et sur la manière dont elle peut être exploitée pour favoriser le succès basé sur les données dans vos efforts de vente et de marketing. LinkedIn fournit une multitude d'informations et de mesures précieuses qui peuvent vous aider à comprendre les performances de vos activités, à identifier les opportunités d'amélioration et à prendre des décisions éclairées pour débloquer des prospects rentables et dominer le marché mondial. Nous explorerons les stratégies éprouvées et les meilleures pratiques pour exploiter efficacement l'analyse de LinkedIn.

L'importance de LinkedIn Analytics

L'analytique LinkedIn vous offre des données et des informations exploitables pour mesurer l'impact de vos activités LinkedIn et favoriser le succès. En exploitant les analyses de LinkedIn, vous pouvez :

Mesurer la performance et l'efficacité

LinkedIn Analytics vous permet de suivre les indicateurs clés et de comprendre les performances de vos publications, campagnes et profils. Il fournit des informations précieuses sur des mesures telles que les impressions, l'engagement, les taux de clics (CTR), la croissance des abonnés, etc. Le suivi de ces mesures vous aide à évaluer l'efficacité de vos stratégies et à apporter des améliorations basées sur les données.

Comprendre votre public

LinkedIn Analytics fournit des informations détaillées sur les données démographiques, les intérêts et les modèles d'engagement de votre public. En comprenant mieux votre public, vous pouvez adapter votre contenu, vos messages et votre ciblage en fonction de ses préférences et de ses besoins. Cette compréhension plus approfondie vous permet de créer des campagnes plus pertinentes et percutantes.

Métriques et mesures clés sur lesquelles se concentrer

Pour favoriser le succès basé sur les données sur LinkedIn, il est important de se concentrer sur les métriques et mesures clés. Voici quelques mesures auxquelles vous devriez prêter attention :

Impressions et portée

Les impressions indiquent le nombre de fois que votre contenu ou vos publicités ont été affichés aux utilisateurs. La portée représente le nombre unique d'utilisateurs qui ont vu votre contenu.

Le suivi des impressions et de la portée vous aide à comprendre la visibilité et la portée de vos activités LinkedIn.

Métriques d'engagement

Les mesures d'engagement, telles que les likes, les commentaires, les partages et les taux de clics (CTR), fournissent des informations sur le niveau d'interaction et d'intérêt généré par votre contenu. Un engagement plus élevé indique que votre contenu trouve un écho auprès de votre public et l'encourage à agir.

Croissance des abonnés

Le suivi de la croissance de vos abonnés vous permet de comprendre comment votre audience se développe au fil du temps. Une base d'abonnés croissante signifie que votre contenu attire l'attention et suscite de l'intérêt.

Surveillez la croissance des abonnés pour évaluer l'efficacité de votre stratégie de contenu et identifier les tendances.

Mesures de conversion

Si vous avez des objectifs de conversion spécifiques, tels que la génération de prospects ou le trafic sur le site Web, surveillez les mesures de conversion. Ces mesures incluent les clics vers votre site Web, les soumissions de formulaires ou d'autres actions souhaitées. En suivant les conversions, vous pouvez évaluer l'efficacité de vos activités LinkedIn pour générer des résultats commerciaux tangibles.

Utiliser l'analyse pour affiner votre stratégie

LinkedIn Analytics fournit des informations précieuses qui peuvent éclairer et affiner votre stratégie de vente et de marketing. Voici comment vous pouvez utiliser l'analytique pour assurer votre réussite :

Identifiez le contenu performant

L'analyse des performances de votre contenu vous permet d'identifier ce qui résonne le plus auprès de votre audience. Recherchez des modèles et des tendances dans vos publications ou campagnes les plus performantes. Identifiez les types de contenu, les sujets, les formats et les messages qui génèrent le plus d'engagement et reproduisez leur succès dans le contenu futur.

Optimiser les délais de publication

Les analyses de LinkedIn peuvent vous aider à déterminer les moments les plus efficaces pour publier votre contenu. Identifiez les périodes pendant lesquelles votre public est le plus actif et engagé. En planifiant stratégiquement vos publications pendant ces périodes de pointe, vous pouvez maximiser la visibilité, la portée et l'engagement.

Affiner le ciblage et la segmentation

En analysant les données démographiques de l'audience et les données d'engagement, vous pouvez affiner vos stratégies de ciblage et de segmentation. Identifiez les segments qui affichent les taux d'engagement et de conversion les plus élevés. Adaptez vos paramètres de messagerie et de ciblage pour atteindre efficacement ces segments très performants.

Suivre les performances des concurrents

LinkedIn Analytics vous permet également de surveiller les performances de vos concurrents. Analysez leur contenu, leurs mesures d'engagement et la croissance de leurs abonnés pour mieux comprendre leurs stratégies. Identifiez les domaines où vous pouvez vous différencier et apprendre de leurs succès et de leurs échecs.

Résumé

Le chapitre 8 de "LinkedIn Sales Mastery : Libérer des prospects rentables et dominer le marché mondial" se concentre sur l'exploitation de l'analyse LinkedIn pour un succès basé sur les données. En comprenant l'importance de l'analyse de LinkedIn, en vous concentrant sur les mesures clés, en utilisant l'analyse pour affiner votre stratégie et en tirant parti des informations pour prendre des décisions éclairées, vous pouvez débloquer des prospects rentables et dominer le marché mondial sur LinkedIn.

Chapitre 9 : Élargir votre portée avec les influenceurs LinkedIn

Dans ce chapitre, nous explorons le pouvoir des influenceurs LinkedIn et comment vous pouvez tirer parti de leur influence pour étendre votre portée, renforcer votre crédibilité et débloquer des prospects rentables. Les influenceurs de LinkedIn sont des leaders de l'industrie, des experts et des influenceurs d'opinion qui ont un nombre important d'adeptes et s'engagent auprès d'un large public. En vous associant stratégiquement à des influenceurs sur LinkedIn, vous pouvez puiser dans leur réseau, gagner en visibilité et dominer le marché mondial. Nous discuterons des stratégies éprouvées et des meilleures pratiques pour collaborer efficacement avec les influenceurs de LinkedIn.

Les avantages d'un partenariat avec des influenceurs LinkedIn

Le partenariat avec des influenceurs LinkedIn offre plusieurs avantages qui peuvent accélérer vos efforts de vente et de marketing. Voici quelques avantages clés :

Visibilité et portée accrues

Les influenceurs de LinkedIn ont un public substantiel et un public dévoué qui fait confiance à leur expertise. En collaborant avec des influenceurs, vous accédez à leur réseau, élargissant votre portée à un public plus large et plus pertinent. Cette visibilité accrue peut considérablement améliorer la notoriété de votre marque et attirer des clients potentiels.

Crédibilité et confiance accrues

Les influenceurs se sont imposés comme des autorités de confiance dans leurs industries respectives. Lorsqu'ils approuvent ou s'engagent avec votre marque, cela renforce votre crédibilité et renforce la confiance parmi leurs abonnés. L'association avec un influenceur respecté donne de la crédibilité à vos produits ou services, ce qui rend plus probable que leur public considère et s'engage avec vos offres.

Recherche et partenariat avec des influenceurs LinkedIn

Pour vous associer efficacement aux influenceurs LinkedIn, suivez ces stratégies :

Définissez votre public cible et vos objectifs

Avant d'identifier et d'approcher des influenceurs, définissez votre public cible et vos objectifs de vente. Comprenez le segment démographique ou industriel spécifique que vous souhaitez atteindre et les objectifs que vous souhaitez atteindre grâce à la collaboration avec les influenceurs. Cette clarté vous aidera à identifier les influenceurs les plus appropriés pour votre marque.

Rechercher et identifier les influenceurs pertinents

Effectuez des recherches approfondies pour identifier les influenceurs qui correspondent à votre public cible et à votre secteur. Recherchez des influenceurs qui créent un contenu de valeur, ont un public engagé et partagent des valeurs similaires à votre marque. Tenez compte de facteurs tels que la taille des abonnés, les taux d'engagement et la pertinence de leur contenu pour garantir un partenariat efficace.

Établir des relations authentiques

Approchez des influenceurs ayant un véritable intérêt pour leur travail et un désir de collaborer. Personnalisez vos messages de sensibilisation pour démontrer que vous avez fait vos recherches et comprenez leur expertise. Interagissez avec leur contenu, fournissez des commentaires significatifs et partagez leurs messages pour construire une relation authentique.

Co-créer du contenu de valeur

Collaborez avec des influenceurs pour co-créer un contenu précieux qui résonne avec leur public et fait la promotion de votre marque. Cela peut inclure des articles de blog invités, des webinaires conjoints ou des interviews en vedette. Assurez-vous que le contenu fournit des informations uniques, ajoute de la valeur à l'audience et met en valeur votre expertise.

Suivre et mesurer l'impact

Surveillez l'impact de vos collaborations avec les influenceurs à l'aide de LinkedIn Analytics et d'autres outils de suivi. Suivez des mesures telles que la portée, l'engagement, le trafic sur le site Web et la génération de prospects pour évaluer le succès de vos partenariats. Ces données vous aideront à affiner vos stratégies d'influence et à optimiser vos futures collaborations.

Entretenir des relations à long terme avec les influenceurs

Pour maximiser les avantages des partenariats d'influence, concentrez-vous sur l'établissement de relations à long terme. Voici quelques stratégies pour entretenir ces relations :

Apporter de la valeur aux influenceurs

Trouvez en permanence des moyens d'apporter de la valeur aux influenceurs, au-delà de la collaboration initiale. Partagez leur contenu, faites la promotion de leurs événements et offrez-leur un accès exclusif à des ressources ou à des informations sur l'industrie. En offrant de la valeur, vous renforcez votre relation et les rendez plus susceptibles de continuer à soutenir votre marque.

S'engager et interagir

Restez engagé avec les influenceurs en interagissant régulièrement avec leur contenu. Aimez, commentez et partagez leurs publications, et taguez-les le cas échéant. S'engager dans des conversations significatives et fournir des informations précieuses met en valeur votre expertise et vous garde sur leur radar.

Offrir la réciprocité

Envisagez des opportunités de rendre la pareille au soutien des influenceurs. Cela peut inclure de les présenter dans votre contenu, de les inviter à participer à des webinaires ou à des tables rondes, ou d'approuver leur travail. En offrant la réciprocité, vous favorisez une relation mutuellement bénéfique.

Résumé

Le chapitre 9 de "LinkedIn Sales Mastery : Libérer des prospects rentables et dominer le marché mondial" explore les stratégies pour étendre votre portée avec les influenceurs LinkedIn. En vous associant à des influenceurs, vous pouvez puiser dans leur réseau, gagner en visibilité et renforcer votre crédibilité. Nous avons discuté des avantages des collaborations d'influenceurs, des stratégies pour trouver et s'associer avec des influenceurs, et des conseils pour entretenir des relations à long terme. En exploitant la puissance des influenceurs de LinkedIn, vous pouvez débloquer des prospects rentables et établir une

position dominante sur le marché
mondial.

Chapitre 10 : Stratégies d'expansion mondiale sur LinkedIn

Dans ce chapitre, nous nous penchons
sur les stratégies pour parvenir à une
expansion mondiale sur LinkedIn et

débloquer des pistes rentables sur les marchés internationaux. LinkedIn fournit une plate-forme puissante pour entrer en contact avec des professionnels du monde entier et étendre votre portée au-delà des frontières. Pour dominer le marché mondial, il est crucial de comprendre les nuances des différentes régions, d'adapter votre approche et de mettre en œuvre des stratégies éprouvées pour réussir. Nous explorerons des stratégies efficaces et les meilleures pratiques pour étendre votre présence à l'échelle mondiale sur LinkedIn.

Comprendre les marchés internationaux

Avant de vous lancer dans une expansion mondiale, il est essentiel d'acquérir une compréhension approfondie des marchés internationaux que vous souhaitez cibler. Tenez compte des facteurs suivants :

Différences culturelles et localisation

Les différences culturelles jouent un rôle important dans la formation des pratiques commerciales et des styles de communication. Prenez le temps de rechercher et de comprendre les nuances culturelles de vos marchés cibles. Adaptez votre contenu et vos messages pour trouver un écho auprès du public local, en vous assurant qu'ils correspondent à leurs préférences, leurs valeurs et leur langue.

Lors de l'expansion sur les marchés internationaux sur LinkedIn, il est essentiel de reconnaître que les différences culturelles jouent un rôle important dans la formation du comportement et des attentes des consommateurs. Les normes culturelles, les valeurs, la langue et les coutumes varient d'un pays à l'autre. Pour réussir à pénétrer de nouveaux marchés, les entreprises doivent comprendre et respecter ces différences culturelles.

Stratégies pour comprendre les marchés internationaux sur LinkedIn

Pour naviguer efficacement sur les marchés internationaux sur LinkedIn et maximiser vos efforts d'expansion mondiale, envisagez de mettre en œuvre les stratégies suivantes :

1. Recherche et analyse

Effectuez une recherche et une analyse approfondies des marchés cibles que vous envisagez d'entrer. Découvrez la culture locale, les coutumes, les préférences linguistiques et les pratiques commerciales. Identifiez comment les professionnels de ces marchés s'engagent sur LinkedIn et adaptez votre approche marketing en conséquence.

Exemple:

Supposons que vous soyez une marque de mode qui se développe dans le**Marché asiatique**. Avant de lancer vos campagnes LinkedIn, effectuez des recherches sur les tendances de la mode, les préférences des consommateurs et l'utilisation des médias sociaux dans chaque pays cible. Cela vous aidera à adapter votre contenu et votre messagerie pour trouver un écho auprès du public local, ce qui entraînera des taux d'engagement et de conversion plus élevés.

2. Localisez votre contenu

La localisation consiste à adapter votre contenu aux préférences et aux nuances culturelles du marché cible. Traduisez votre contenu dans la langue locale et assurez-vous qu'il est culturellement pertinent et résonne avec le public local. Cela inclut l'utilisation d'un langage, d'images et de références appropriés qui correspondent à la culture locale.

Exemple:

Supposons que vous soyez une société de logiciels qui se développe dans le**marché européen.** Au lieu d'utiliser un message marketing générique, localisez votre contenu LinkedIn en le traduisant dans les langues maternelles de vos pays cibles. De plus, personnalisez votre contenu pour refléter les besoins et les préférences uniques de chaque marché. Cette approche personnalisée démontre votre engagement à comprendre le marché local et renforce la confiance avec votre public.

3. S'engager avec des professionnels locaux

Construire des relations avec des professionnels locaux est crucial pour réussir sur les marchés internationaux. Interagissez avec des professionnels sur LinkedIn en rejoignant des groupes sectoriels, en participant à des discussions pertinentes et en partageant des informations précieuses. Cela démontre votre intérêt pour le marché local et vous permet de vous connecter avec des clients et partenaires potentiels.

Exemple:

Supposons que vous soyez une société de conseil qui se développe dans le**Marché du Moyen-Orient**. Interagissez avec des professionnels de la région en rejoignant des groupes LinkedIn axés sur les tendances commerciales et industrielles au Moyen-Orient. Partagez des articles et des idées stimulants sur les défis spécifiques auxquels sont confrontées les entreprises de la région. Cela vous positionne en tant qu'expert de l'industrie et aide à établir des relations avec les principales parties prenantes.

4. Collaborez avec des influenceurs locaux

Le marketing d'influence peut être une stratégie puissante pour augmenter votre visibilité et votre crédibilité sur les marchés internationaux. Identifiez des personnes influentes ou des experts du secteur sur vos marchés cibles et collaborez avec eux pour promouvoir votre marque et vos offres. Leur approbation peut avoir un impact significatif sur la perception de votre entreprise par le public local.

Exemple:

Supposons que vous soyez une agence de voyages qui s'étend à**Amérique du Sud**. Identifiez les blogueurs de voyage ou les influenceurs populaires dans chaque pays et collaborez avec eux pour présenter les expériences et destinations uniques proposées par votre agence. Leurs recommandations et leurs expériences de première main peuvent influencer les décisions de voyage de leurs abonnés et générer des pistes précieuses pour votre entreprise.

Étude de marché et analyse concurrentielle

Mener des études de marché approfondies et des analyses concurrentielles dans chaque région cible. Identifiez les acteurs clés, les tendances du marché et les besoins des clients. Cette connaissance vous aidera à positionner efficacement vos offres et à vous différencier de vos concurrents.

Considérations juridiques et réglementaires

Familiarisez-vous avec les exigences légales et réglementaires de chaque marché cible. Assurez la conformité avec les lois et réglementations locales relatives à la confidentialité des données, au marketing et aux opérations commerciales. Le respect de ces exigences renforce la confiance et la crédibilité auprès de votre public international. Dans cette section, nous discuterons de l'importance de comprendre les considérations juridiques et réglementaires des marchés internationaux et fournirons des stratégies et des exemples appropriés.

Importance des considérations juridiques et réglementaires sur les marchés internationaux

Développer votre entreprise à l'échelle mondiale sur LinkedIn nécessite une compréhension approfondie du paysage juridique et réglementaire de chaque marché cible. Le non-respect des lois et réglementations locales peut entraîner des revers importants et des conséquences juridiques. En traitant de manière proactive les considérations juridiques et réglementaires, vous pouvez établir une base solide pour réussir sur les marchés internationaux.

Stratégies pour comprendre les considérations juridiques et réglementaires des marchés internationaux

Pour naviguer efficacement dans le paysage juridique et réglementaire des marchés internationaux, envisagez de mettre en œuvre les stratégies suivantes :

1. Rechercher les lois et réglementations locales

Avant d'entrer sur un nouveau marché international, effectuez des recherches approfondies sur les lois et réglementations locales qui régissent les opérations commerciales, les activités de marketing, la confidentialité des données et d'autres domaines pertinents. Chaque pays a son cadre juridique unique, et la compréhension de ces subtilités est essentielle pour assurer la conformité et établir la confiance avec les clients potentiels.

Exemple:

Supposons que vous êtes un logiciel en tant que service (**SaaS**) fournisseur envisageant de se développer dans l'Union européenne (**UE**). Dans ce cas, vous devez vous familiariser avec le règlement général sur la protection des données (**RGPD**), qui établit des directives strictes pour le traitement et le traitement des données personnelles. S'assurer que vos processus commerciaux et vos pratiques de gestion des données sont conformes aux exigences du RGPD est essentiel pour établir la crédibilité et la confiance des clients de l'UE.

2. Sollicitez des conseils juridiques et des conseils d'experts

Engagez des conseillers juridiques ou des consultants locaux spécialisés dans le commerce international et les marchés cibles que vous souhaitez pénétrer. Ces professionnels peuvent fournir des informations précieuses sur le paysage juridique et réglementaire, vous aider en matière de conformité et vous guider à travers les complexités des réglementations locales. Leur expertise peut vous aider à éviter des erreurs coûteuses et à garantir que votre entreprise opère dans les limites légales de chaque marché.

Exemple:

Supposons que vous envisagez de vous développer sur le marché du Moyen-Orient, où les normes culturelles et les systèmes juridiques peuvent différer considérablement de votre pays d'origine. Demander conseil à un conseiller juridique local connaissant les pratiques et réglementations commerciales de la région peut vous aider à surmonter les défis potentiels liés aux négociations de contrats, aux droits de propriété intellectuelle ou aux sensibilités culturelles.

3. Établir des relations avec des partenaires et des réseaux locaux

L'établissement de relations avec des partenaires locaux, des associations industrielles ou des organisations commerciales peut fournir un soutien inestimable pour comprendre les considérations juridiques et réglementaires d'un marché spécifique. Collaborer avec des partenaires locaux réputés peut vous aider à mieux comprendre, à établir votre crédibilité et à naviguer plus efficacement dans des paysages juridiques complexes.

Exemple:

Supposons que vous soyez un détaillant de mode cherchant à se développer sur le marché asiatique. Un partenariat avec un distributeur local qui a une solide compréhension des exigences légales et des canaux de distribution du marché peut vous aider à naviguer dans les réglementations d'importation, la protection de la propriété intellectuelle et les coutumes locales. De plus, l'engagement avec des associations industrielles ou des organisations commerciales peut fournir un accès à des ressources, des opportunités de réseautage et des informations à jour sur les changements juridiques et réglementaires.

Adapter votre stratégie LinkedIn pour une expansion mondiale

Pour parvenir à une expansion mondiale sur LinkedIn, mettez en œuvre les stratégies suivantes :

Profils et contenu multilingues

Créez des profils et du contenu multilingues pour répondre aux besoins de votre public international. Traduisez les informations de votre profil, vos publications et vos articles dans les langues locales de vos marchés cibles. Cette approche démontre votre engagement à vous engager auprès de la communauté locale et facilite une meilleure communication.

Hashtags et mots-clés localisés

Utilisez des hashtags et des mots-clés localisés pour optimiser votre visibilité dans des régions spécifiques. Recherchez des mots-clés et des hashtags populaires dans chaque marché cible et intégrez-les de manière stratégique dans votre contenu. Cette pratique améliore la découvrabilité de vos publications auprès d'audiences pertinentes.

Réseautage et engagement régionalisés

Établissez des liens et engagez-vous avec des professionnels de vos marchés cibles en réseautant activement avec des individus et des groupes basés dans ces régions.

Participez à des discussions spécifiques à l'industrie, commentez les messages pertinents et partagez des informations précieuses. Cette approche vous aide à établir des liens significatifs et vous positionne comme un expert de l'industrie locale.

Collaborez avec des influenceurs locaux

Associez-vous à des influenceurs locaux sur vos marchés cibles pour amplifier votre portée et votre crédibilité. Identifiez les influenceurs qui ont une forte présence et suivent dans des régions spécifiques et collaborez avec eux sur la création de contenu, des webinaires conjoints ou des apparitions d'invités. Leur influence et leur expertise locale vous aideront à vous connecter avec le bon public et à gagner la confiance dans le nouveau marché.

Tirez parti de la publicité LinkedIn

Utilisez les fonctionnalités publicitaires de LinkedIn pour cibler des régions et des groupes démographiques spécifiques. Créez des campagnes publicitaires ciblées qui résonnent avec les préférences culturelles et commerciales de votre public international. Adaptez votre message et vos visuels pour vous aligner sur le marché local et stimuler l'engagement et les conversions.

Suivi et mesure du succès mondial

Pour mesurer le succès de vos efforts d'expansion mondiale sur LinkedIn, suivez et analysez les indicateurs clés :

Mesures de performance régionales

Surveillez les mesures de performance régionales, telles que la croissance des abonnés, les taux d'engagement et les conversions de prospects, pour évaluer l'efficacité de vos stratégies sur chaque marché cible. Identifiez les régions qui fonctionnent bien et les domaines où vous devrez peut-être ajuster votre approche.

Engagement spécifique à la langue

Analysez les niveaux d'engagement et les interactions dans différentes langues pour comprendre quelles langues résonnent le plus auprès de votre public international. Utilisez ces informations pour optimiser votre stratégie de contenu multilingue et concentrez-vous sur les langues qui suscitent le plus d'engagement. Cette section met l'accent sur l'importance de l'engagement spécifique à la langue et fournit des stratégies pour atteindre et se connecter efficacement avec divers publics dans différents pays et cultures.

Stratégies d'engagement linguistique - Comprendre les marchés internationaux

Pour vous engager avec succès sur les marchés internationaux sur LinkedIn, envisagez de mettre en œuvre les stratégies suivantes :

1. Localisez votre contenu

La localisation est le processus d'adaptation de votre contenu en fonction de la langue, des nuances culturelles et des préférences de votre public cible dans différentes régions. Traduisez votre profil LinkedIn, vos publications et vos articles dans les

langues parlées sur vos marchés cibles.
Assurez-vous que le contenu traduit est
non seulement exact, mais également
culturellement approprié et résonne
avec le public local.

Exemple:

Supposons que vous soyez un détaillant
de mode qui étend sa présence sur le
marché espagnol. Localisez votre
contenu LinkedIn en traduisant vos
descriptions de produits, messages
promotionnels et témoignages de clients
en espagnol. Cette approche vous
permet de vous connecter avec un
public hispanophone à un niveau plus
profond et positionne votre marque
comme celle qui comprend leurs
préférences et leurs besoins.

2. Rechercher les différences culturelles

Différentes cultures ont des styles de communication, une étiquette et des pratiques commerciales uniques. Avant de vous engager sur les marchés internationaux, investissez du temps dans la recherche et la compréhension des différences culturelles de vos régions cibles. Cette connaissance vous aidera à adapter votre message et votre approche pour qu'ils soient culturellement sensibles et appropriés.
Exemple:
Lors de l'expansion dans le**Marché japonais**, il est important de connaître leurs coutumes commerciales. Au Japon, les relations sont fondées sur la confiance et le respect, et les approches de vente directe peuvent ne pas être bien accueillies. Prenez le temps de

comprendre la culture d'entreprise japonaise, adaptez votre style de communication en conséquence et concentrez-vous sur l'établissement de relations avant de promouvoir vos produits ou services.

3. Collaborez avec des influenceurs locaux

S'engager avec des influenceurs locaux peut considérablement augmenter votre portée et votre crédibilité sur les marchés internationaux. Identifiez des personnes influentes ou des leaders d'opinion dans vos régions cibles qui s'alignent sur les valeurs de votre marque et qui ont un public substantiel. Collaborez avec eux pour promouvoir votre contenu ou approuver vos produits/services auprès de leur public. Cela peut vous aider à gagner la confiance et la crédibilité au sein de la communauté locale.

Exemple:

Supposons que vous soyez une entreprise technologique entrant sur le marché indien. Collaborez avec des influenceurs technologiques bien connus en Inde pour approuver vos produits ou partager votre contenu avec leurs abonnés. Leur approbation peut augmenter considérablement votre visibilité et attirer un public pertinent qui apprécie leurs opinions.

4. Tirez parti du ciblage linguistique de LinkedIn

LinkedIn fournit des options de ciblage linguistique pour les publicités, vous permettant d'atteindre les utilisateurs qui ont spécifié leur langue préférée sur leurs profils. Utilisez cette fonctionnalité pour adapter vos campagnes publicitaires spécifiquement aux utilisateurs qui comprennent une langue particulière.

Exemple:

Supposons que vous soyez une plateforme d'apprentissage de langues ciblant**Hispanophone** professionnels. Définissez votre ciblage linguistique sur l'espagnol afin que vos annonces soient diffusées auprès des utilisateurs qui ont indiqué l'espagnol comme langue préférée sur leurs profils LinkedIn. Cela garantit que vos annonces atteignent le bon public et augmente la probabilité d'engagement.

En mettant en œuvre ces stratégies d'engagement linguistique et de compréhension des marchés internationaux, vous pouvez efficacement étendre votre portée et établir des liens significatifs avec divers publics du monde entier sur LinkedIn. N'oubliez pas d'adapter votre approche aux préférences culturelles et aux styles de communication de chaque marché cible pour maximiser votre succès.

Taux de conversion et génération de revenus

Suivez les taux de conversion et les revenus générés par vos efforts mondiaux sur LinkedIn. Évaluez le retour sur investissement (ROI) pour chaque marché cible et identifiez les domaines à améliorer. Ces données vous aideront à allouer efficacement les ressources et à affiner vos stratégies.

Résumé

Le chapitre 10 de "Maîtrise de la vente LinkedIn : débloquer des pistes rentables et dominer le marché mondial" propose des stratégies d'expansion mondiale sur LinkedIn. Comprendre les marchés internationaux, adapter votre stratégie LinkedIn et suivre les indicateurs clés sont des étapes cruciales pour débloquer des prospects rentables et dominer le marché mondial. En mettant en œuvre ces stratégies éprouvées, vous pouvez réussir à étendre votre présence au-delà des frontières et à vous implanter solidement sur les marchés internationaux.

Chapitre 11 : Techniques avancées de mise en réseau pour le succès de LinkedIn

Dans ce chapitre, nous explorons les techniques de mise en réseau avancées qui peuvent porter votre succès sur LinkedIn vers de nouveaux sommets. Le réseautage est un aspect crucial pour établir des relations, élargir votre cercle professionnel et débloquer des prospects rentables sur LinkedIn. En mettant en œuvre des stratégies éprouvées et en tirant parti de techniques avancées, vous pouvez maximiser le potentiel de votre réseau et vous établir comme une autorité de confiance dans votre secteur. Nous plongerons dans les subtilités du réseautage avancé et fournirons des conseils pratiques pour réussir sur LinkedIn.

Établir des liens significatifs

La création de liens significatifs est la base d'un réseautage réussi sur LinkedIn. Voici quelques stratégies pour établir des relations authentiques :

Demandes de connexion personnalisées

Lors de l'envoi des demandes de mise en relation, prenez le temps de personnaliser votre message. Mentionnez pourquoi vous souhaitez vous connecter et mettez en évidence les intérêts communs ou les connexions partagées. Cette approche personnalisée démontre votre véritable intérêt et augmente la probabilité d'une réponse positive.

Interagir avec le contenu

Interagissez avec le contenu partagé par vos connexions et les influenceurs de l'industrie. Aimez, commentez et partagez leurs publications pour montrer votre implication active et apporter des informations précieuses à la conversation. S'engager avec du contenu favorise des liens significatifs et vous établit en tant que leader d'opinion.

Participation à des groupes LinkedIn

Rejoignez les groupes LinkedIn pertinents et participez activement aux discussions. Partagez votre expertise, répondez aux questions et fournissez des informations précieuses pour vous positionner en tant que membre précieux de la communauté. S'engager dans des activités de groupe ouvre la porte à de nouvelles connexions et opportunités. Dans cette section, nous discuterons des stratégies efficaces pour participer aux groupes LinkedIn et fournirons des exemples pertinents.

Stratégies de participation aux groupes LinkedIn

Pour tirer le meilleur parti de votre participation aux groupes LinkedIn et débloquer des opportunités de réseautage, envisagez de mettre en œuvre les stratégies suivantes :

1. Identifiez et rejoignez les groupes pertinents

Commencez par identifier les groupes LinkedIn qui correspondent à vos intérêts professionnels, à votre secteur ou à votre public cible. Recherchez des groupes où vos prospects cibles, leaders d'opinion de l'industrie ou collaborateurs potentiels sont actifs. Rejoindre ces groupes vous permet de vous connecter avec des professionnels partageant les mêmes idées et d'engager des conversations pertinentes pour votre créneau.

Exemple:

Supposons que vous êtes un consultant en marketing spécialisé dans l'industrie hôtelière. Recherchez les groupes LinkedIn dédiés aux professionnels de l'hôtellerie, à la gestion hôtelière ou au marketing de l'industrie du voyage. En rejoignant ces groupes, vous pouvez vous engager avec des professionnels de l'industrie, partager votre expertise et établir des relations avec des clients potentiels ou des partenaires de référence.

2. Soyez actif et engagez des discussions

Participez activement aux discussions de groupe en partageant des informations précieuses, en posant des questions stimulantes et en contribuant aux conversations. Cela permet d'asseoir votre expertise et votre crédibilité au sein du groupe. Répondez aux commentaires et aux questions des autres membres et fournissez des réponses utiles et informatives.
Exemple:

Supposons que vous soyez un stratège des médias sociaux participant à un groupe LinkedIn pour les spécialistes du marketing numérique. Engagez des discussions en partageant des conseils sur l'utilisation des plateformes de médias sociaux, en discutant des dernières tendances de l'industrie et en fournissant des informations sur les stratégies de campagne efficaces. En contribuant constamment à un contenu précieux, vous vous positionnez comme une ressource incontournable dans votre domaine d'expertise et attirez l'attention de clients ou de collaborateurs potentiels.

3. Fournir de la valeur grâce au partage de contenu

Les groupes LinkedIn offrent une excellente occasion de partager du contenu et des ressources pertinents avec les membres du groupe. Partagez des articles, des billets de blog, des infographies ou des rapports de l'industrie qui fournissent des informations précieuses et des solutions aux défis courants. En partageant des contenus de valeur, vous vous positionnez comme un professionnel averti et gagnez en visibilité au sein du groupe.

Exemple:

Supposons que vous soyez un expert en cybersécurité participant à un groupe LinkedIn pour les professionnels de l'informatique. Partagez des articles informatifs sur les menaces émergentes en matière de cybersécurité, des conseils pour sécuriser les données sensibles ou des études de cas mettant en évidence des mises en œuvre réussies de la cybersécurité. En partageant un contenu précieux, vous vous établissez comme une autorité de confiance dans le domaine, et les membres du groupe sont plus susceptibles de vous contacter pour d'autres discussions ou d'éventuelles collaborations commerciales.

4. Réseautez et connectez-vous avec les membres du groupe

L'un des principaux objectifs de la participation aux groupes LinkedIn est d'élargir votre réseau. Profitez de l'occasion pour vous connecter avec les membres du groupe qui correspondent à vos objectifs professionnels ou qui sont des clients potentiels, des partenaires ou des influenceurs de l'industrie. Envoyez des demandes de connexion personnalisées mettant en évidence des intérêts communs ou la valeur que vous pouvez apporter à leur réseau.

Exemple:

Supposons que vous soyez un graphiste indépendant participant à un groupe LinkedIn pour les professionnels de la création. Identifiez les personnes qui pourraient avoir besoin de vos services de conception ou qui sont influentes dans l'industrie. Envoyez-leur une demande de connexion personnalisée mentionnant votre appréciation pour leur travail et votre intérêt à vous connecter pour explorer des collaborations potentielles. Cette approche personnalisée augmente la probabilité d'établir des liens significatifs.

5. Soyez respectueux et professionnel

Lorsque vous participez à des groupes LinkedIn, maintenez un ton professionnel et respectueux dans vos interactions. Évitez de vous engager dans des débats houleux ou de publier du contenu controversé qui pourrait avoir un impact négatif sur votre réputation professionnelle. Visez à ajouter de la valeur aux discussions, à offrir des commentaires constructifs et à soutenir les autres membres du groupe.

Exemple:

Supposons que vous soyez un consultant en marketing participant à un groupe LinkedIn discutant de stratégies de marque. Si vous tombez sur un message dans lequel quelqu'un souhaite obtenir des commentaires sur la conception de son logo, fournissez des critiques constructives et des suggestions d'amélioration plutôt que de recourir à des commentaires négatifs. En démontrant votre professionnalisme et votre attitude respectueuse, vous renforcez votre crédibilité et construisez des relations positives au sein du groupe.

N'oubliez pas que la clé du succès dans la participation aux groupes LinkedIn est de s'engager activement, d'apporter de la valeur et d'établir des relations authentiques avec d'autres professionnels. En suivant ces stratégies, vous pouvez tirer parti de la puissance des groupes LinkedIn pour étendre votre réseau, établir votre expertise et découvrir de nouvelles opportunités commerciales.

Tirer parti de la recherche avancée et des filtres

Les capacités avancées de recherche et de filtrage de LinkedIn peuvent considérablement améliorer vos efforts de mise en réseau. Voici comment les exploiter efficacement :

Requêtes de recherche avancées

Utilisez des requêtes de recherche avancées pour affiner votre recherche de professionnels, d'entreprises ou d'industries spécifiques. Personnalisez vos paramètres de recherche en fonction de critères tels que l'emplacement, le titre du poste, le secteur et la taille de l'entreprise. Cette approche ciblée vous aide à trouver des connexions pertinentes avec précision. Dans cette section, nous discuterons des stratégies d'utilisation des requêtes de recherche avancées sur LinkedIn et fournirons des exemples pertinents.

Stratégies d'utilisation des requêtes de recherche avancées

Pour maximiser le succès de votre réseautage sur LinkedIn, envisagez de mettre en œuvre les stratégies suivantes pour utiliser les requêtes de recherche avancées :

1. Spécifiez les mots-clés et les phrases

Lorsque vous effectuez une recherche avancée sur LinkedIn, soyez précis avec les mots clés et les expressions que vous utilisez. Au lieu d'utiliser des termes génériques, concentrez-vous sur des mots-clés spécifiques à l'industrie, des intitulés de poste, des compétences ou d'autres critères pertinents qui correspondent à vos objectifs de réseautage.

Exemple:

Supposons que vous êtes un consultant en marketing spécialisé dans les médias sociaux. Au lieu de chercher **"commercialisation"** ou **"réseaux sociaux,"** utiliser des termes plus spécifiques comme **"stratégie réseaux sociaux," "marketing de contenu,"** ou **"gestionnaire de médias sociaux."** Ces mots clés ciblés vous aideront à trouver des professionnels qui s'intéressent spécifiquement à ces domaines ou qui travaillent dans ces domaines, ce qui accroît la pertinence de vos efforts de mise en réseau.

2. Utiliser les opérateurs booléens

La recherche avancée de LinkedIn vous permet d'utiliser des opérateurs booléens pour affiner vos requêtes de recherche. Ces opérateurs incluent AND, OR et NOT, et ils peuvent être utilisés pour combiner ou exclure des termes spécifiques de votre recherche.

- **ET**: utilisez l'opérateur AND pour rechercher des profils qui incluent plusieurs termes. Par exemple, **"médias sociaux ET marketing"** donnera des résultats qui incluent les deux termes.
- **OU**: utilisez l'opérateur OR pour élargir votre recherche en incluant les profils contenant l'un ou l'autre des termes spécifiés. Par exemple, **"médias sociaux OU marketing numérique"** fournira des résultats pour les profils avec l'un ou l'autre terme.
- **PAS**: utilisez l'opérateur NOT pour exclure des termes spécifiques de

vos résultats de recherche. Par exemple, **"médias sociaux NON gestionnaire"** exclura les profils avec le terme **"directeur**."

En utilisant des opérateurs booléens, vous pouvez affiner vos requêtes de recherche et trouver des professionnels qui correspondent plus précisément à vos critères spécifiques.

3. Affiner les filtres et les paramètres

La recherche avancée de LinkedIn vous permet également d'affiner vos résultats de recherche en appliquant divers filtres et paramètres. Ceux-ci incluent l'emplacement, l'industrie, la taille de l'entreprise, le niveau d'ancienneté, etc. Affiner votre recherche avec ces filtres vous aide à cibler les professionnels les plus pertinents pour vos objectifs de réseautage.

Exemple:

Supposons que vous cherchiez à entrer en contact avec des professionnels du marketing dans le secteur de la santé. Vous pouvez utiliser la recherche avancée de LinkedIn pour filtrer les résultats en fonction de l'industrie **"Soins de santé"** et des titres de poste comme **"Responsable Marketing"** ou **"Directeur marketing."** Cela vous permet d'affiner votre recherche et de vous concentrer sur les professionnels de l'industrie et des rôles spécifiques qui vous intéressent.

Recherches et alertes enregistrées

Enregistrez vos requêtes de recherche fréquemment utilisées et configurez des alertes pour rester informé des nouveaux résultats. LinkedIn vous avertira lorsque de nouveaux profils correspondent à vos critères de recherche, vous permettant d'atteindre de manière proactive des relations potentielles. Les recherches enregistrées et les alertes rationalisent votre processus de mise en réseau et vous font gagner du temps.

Filtres et recommandations

Utilisez des filtres et des recommandations pour découvrir de nouvelles connexions. LinkedIn suggère des professionnels pertinents en fonction de votre réseau existant et de votre historique de recherche. Explorez ces recommandations et appliquez des filtres pour affiner votre recherche et découvrir des opportunités de réseautage cachées.

Étiquette de réseautage et établissement de relations

L'étiquette de réseautage et l'établissement de relations sont essentiels pour le succès à long terme sur LinkedIn. Suivez ces bonnes pratiques :

Messages et suivis personnalisés

Lorsque vous contactez de nouvelles relations ou effectuez un suivi auprès de relations existantes, envoyez des messages personnalisés. Faites référence à des conversations ou interactions précédentes pour démontrer votre attention et votre intérêt. Les messages personnalisés montrent que vous appréciez la relation et augmentez la probabilité d'un engagement continu.

Offrir de la valeur et du soutien

Recherchez activement des moyens d'offrir de la valeur et du soutien à vos relations. Partagez des informations pertinentes sur l'industrie, présentez des contacts précieux ou approuvez leurs compétences et leur expertise. En étant serviable et solidaire, vous renforcez vos relations et favorisez un réseau réciproque.

Maintenir un engagement constant

La cohérence est la clé d'un réseautage réussi. Interagissez régulièrement avec vos relations en aimant, en commentant et en partageant leur contenu. Envoyez des messages périodiques pour vous enregistrer, les féliciter pour leurs réalisations ou partager des ressources pertinentes. Un engagement constant maintient vos relations actives et renforce le lien.

Tirer parti des événements et des webinaires de LinkedIn

Les événements et webinaires LinkedIn offrent de puissantes opportunités de réseautage. Voici comment en tirer le meilleur parti :

Organiser vos propres événements

Organisez des événements virtuels ou des webinaires sur LinkedIn pour présenter votre expertise et attirer des professionnels de l'industrie. Fournissez un contenu précieux, invitez des conférenciers influents et interagissez activement avec les participants. Organiser des événements vous établit en tant que leader d'opinion et crée des opportunités de réseautage avec les participants.

Participation à des événements de l'industrie

Assister et participer activement aux événements de l'industrie et aux webinaires organisés par d'autres. Réseautez avec les participants, posez des questions perspicaces et partagez votre expertise. La participation active vous positionne en tant que professionnel engagé de l'industrie et ouvre des portes à la collaboration et à de nouvelles connexions.

Résumé

Le chapitre 11 de "LinkedIn Sales Mastery : Déverrouiller des prospects rentables et dominer le marché mondial" explore les techniques avancées de mise en réseau pour le succès de LinkedIn. En établissant des liens significatifs, en tirant parti de la recherche et des filtres avancés, en pratiquant l'étiquette de réseautage et en tirant parti des événements et des webinaires LinkedIn, vous pouvez augmenter vos efforts de réseautage et débloquer de nouvelles opportunités. Mettez en œuvre ces stratégies éprouvées pour étendre votre réseau, établir des relations précieuses et dominer le marché mondial sur LinkedIn.

Chapitre 12 : LinkedIn en tant qu'entonnoir de vente : du lead à la conversion

Dans ce dernier chapitre de "LinkedIn Sales Mastery : Libérer des prospects rentables et dominer le marché mondial", nous nous penchons sur le rôle puissant que joue LinkedIn en tant qu'entonnoir de vente, guidant les prospects tout au long du processus de conversion. LinkedIn offre une opportunité unique de s'engager avec des clients potentiels, d'établir des relations et, en fin de compte, de générer des conversions. En mettant en œuvre des stratégies éprouvées et en tirant parti des fonctionnalités de la plateforme, vous pouvez optimiser votre entonnoir de vente et obtenir un plus grand succès sur LinkedIn. Explorons les techniques qui vous aideront à convertir les prospects en clients fidèles.

Optimiser votre profil LinkedIn pour la conversion

Votre profil LinkedIn est votre vitrine virtuelle et il joue un rôle crucial dans la capture et la conversion de prospects.

Voici quelques stratégies pour l'optimiser pour un impact maximal :

1. Titre clair et convaincant

Créez un titre clair et convaincant qui communique immédiatement votre proposition de valeur. Utilisez des mots-clés et des expressions qui résonnent avec votre public cible et mettez en évidence les avantages qu'ils peuvent attendre de travailler avec vous. Un titre fort capte l'attention et incite les clients potentiels à explorer davantage.

2. Résumé engageant

Rédigez un résumé engageant qui met en valeur votre expertise, votre expérience et vos arguments de vente uniques. Utilisez des techniques de narration pour captiver les lecteurs et montrer comment vous pouvez résoudre leurs problèmes et proposer des solutions. Montrez votre personnalité et laissez transparaître votre passion pour créer une impression mémorable.

3. Présenter l'expérience et les réalisations pertinentes

Mettez en valeur votre expérience pertinente, vos réalisations et vos certifications. Cela renforce la crédibilité et établit la confiance avec les clients potentiels. Utilisez un langage concis et convaincant pour démontrer votre expertise et vos antécédents de réussite. Dans la mesure du possible, incluez des exemples et des mesures spécifiques pour quantifier vos réalisations.

S'engager avec des prospects

Pour faire passer les prospects dans l'entonnoir de vente, il est important de s'engager efficacement avec eux. Voici comment procéder :

1. Messagerie personnalisée

Lorsque vous contactez des prospects, évitez les messages génériques et optez plutôt pour des messages personnalisés. Référencez des détails spécifiques de leur profil ou des interactions précédentes pour montrer un véritable intérêt. Adaptez votre message à leurs besoins et démontrez comment votre produit ou service peut résoudre leurs problèmes. La personnalisation crée une connexion et augmente les chances d'une réponse positive.

2. Suivis opportuns

Faites un suivi rapide et cohérent de vos prospects. Ne laissez pas passer des opportunités potentielles en raison de retards. Définissez des rappels et établissez un système pour assurer des suivis en temps opportun. Soyez persévérant sans être insistant et apportez toujours de la valeur à vos communications.

3. Établir des relations

LinkedIn n'est pas seulement une plateforme d'argumentaires de vente ; c'est un endroit pour nouer des relations. Interagissez avec vos prospects en aimant, en commentant et en partageant leur contenu. Offrez des idées et des conseils utiles, et démontrez votre expertise en apportant de la valeur. L'établissement de relations authentiques établit la confiance et jette les bases d'une fidélisation à long terme de la clientèle.

Tirer parti des fonctionnalités de LinkedIn pour la conversion

LinkedIn offre une gamme de fonctionnalités qui peuvent améliorer vos efforts de conversion. Voici quelques fonctionnalités clés à exploiter :

1. Pages vitrines

Créez des pages vitrines pour mettre en avant des produits, des services ou des segments d'activité spécifiques. Ces pages dédiées vous permettent de personnaliser votre messagerie et d'interagir avec des prospects qui ont des intérêts ou des besoins spécifiques. Les pages vitrines fournissent une plate-forme ciblée pour une conversion ciblée. Dans cette section, nous discuterons des stratégies permettant d'exploiter les pages Showcase pour

générer des conversions et fournirons
des exemples pertinents.

Stratégies pour tirer parti des pages vitrines pour la conversion

Pour optimiser l'efficacité des pages
Vitrine et convertir les prospects en
clients, envisagez de mettre en œuvre
les stratégies suivantes :

1. Mettez en évidence des offres spécifiques

Les pages vitrines vous permettent de
créer des pages dédiées à des produits
ou services spécifiques. Profitez de
cette occasion pour mettre en évidence
les caractéristiques uniques, les
avantages et les propositions de valeur
de chaque offre. En fournissant des
informations détaillées et un contenu
convaincant sur vos produits ou
services, vous pouvez capter l'intérêt de

votre public cible et le conduire à la conversion.

Exemple:

Supposons que vous dirigiez une agence de marketing numérique offrant divers services tels que l'optimisation des moteurs de recherche (SEO), le marketing des médias sociaux et la création de contenu. Créez des pages de présentation distinctes pour chaque service et concentrez-vous sur la présentation des avantages spécifiques et des réussites liés à ce service particulier. Cette approche ciblée vous permet d'interagir avec des prospects spécifiquement intéressés par un service particulier et d'augmenter la probabilité de conversion.

2. Engagez-vous avec un contenu pertinent

Le contenu engageant joue un rôle crucial dans la conduite des conversions. Partagez du contenu précieux et pertinent sur vos pages Vitrine pour éduquer, informer et inspirer votre public cible. Ce contenu peut inclure des articles de blog, des études de cas, des vidéos, des infographies et des informations sur l'industrie. En fournissant constamment un contenu de haute qualité, vous établissez votre autorité sur le terrain et établissez la confiance avec votre public, augmentant ainsi la probabilité de conversion.

Exemple:

En continuant avec l'exemple de l'agence de marketing numérique, vous pouvez partager des articles de blog sur vos pages Vitrine qui offrent des

conseils et des meilleures pratiques
pour améliorer le référencement,
augmenter l'engagement sur les
réseaux sociaux ou créer un contenu
attrayant. Ce contenu démontre votre
expertise et apporte de la valeur à votre
public, positionnant votre agence
comme une ressource de confiance et
augmentant les chances de convertir
des prospects en clients.

3. Utilisez les boutons d'appel à l'action

Les pages Vitrine de LinkedIn offrent
des boutons d'appel à l'action (CTA) qui
peuvent être personnalisés pour
s'aligner sur vos objectifs de conversion.
Tirez parti de ces CTA en incitant votre
public à prendre des mesures
spécifiques menant à la conversion.
Qu'il s'agisse de s'inscrire à un essai

gratuit, de demander une consultation ou d'effectuer un achat, les boutons CTA offrent à votre public un chemin clair et direct pour effectuer l'action souhaitée.

Exemple:

Si vous exploitez une boutique en ligne, vous pouvez utiliser le bouton CTA de votre page Vitrine pour diriger les visiteurs vers votre page produit ou les encourager à effectuer un achat avec un code de réduction à durée limitée. Cette approche simplifiée élimine les frictions et guide votre public vers la conversion.

4. Surveiller les analyses et affiner les stratégies

LinkedIn fournit des analyses pour les pages Showcase, vous permettant de suivre les performances de votre contenu et de vos campagnes.

Surveillez les mesures clés telles que

l'engagement, les taux de clics et les taux de conversion pour évaluer l'efficacité de vos stratégies. Utilisez ces informations pour affiner votre contenu, vos CTA et votre approche globale afin d'optimiser en permanence vos pages Showcase pour de meilleurs taux de conversion.

Exemple:

Supposons que vous remarquiez qu'un type de contenu spécifique, tel que des didacticiels vidéo ou des témoignages de clients, génère des taux d'engagement et de conversion plus élevés sur votre page Vitrine. Sur la base de ces informations, vous pouvez créer davantage de contenu de ce type ou ajuster votre stratégie de contenu pour vous concentrer sur ce qui résonne le mieux auprès de votre public, augmentant ainsi les chances de convertir des prospects en clients.

En conclusion, les pages Showcase offrent une excellente opportunité de tirer parti des fonctionnalités de LinkedIn pour la conversion. En mettant en évidence des offres spécifiques, en fournissant un contenu attrayant, en utilisant des boutons d'appel à l'action et en surveillant les analyses, vous pouvez optimiser vos pages Vitrine pour générer des conversions et obtenir un succès à long terme.

2. LinkedIn InMail

LinkedIn InMail vous permet d'envoyer des messages directs à des prospects potentiels qui ne font pas partie de votre réseau. Créez des messages convaincants et personnalisés pour attirer leur attention et les conduire vers la conversion. Utilisez InMail de manière stratégique pour nourrir les prospects et les guider tout au long de l'entonnoir de vente. Dans cette section, nous discuterons des stratégies pour tirer parti de LinkedIn InMail et maximiser les conversions, accompagnées d'exemples pertinents.

Stratégies pour tirer parti de LinkedIn InMail pour la conversion

Pour tirer le meilleur parti de LinkedIn InMail et améliorer vos taux de conversion, envisagez de mettre en œuvre les stratégies suivantes :

A. La personnalisation est essentielle

Lorsque vous contactez des prospects via LinkedIn InMail, la personnalisation joue un rôle crucial pour capter leur attention et favoriser leur engagement.

Créez des messages personnalisés qui répondent aux besoins, défis ou objectifs spécifiques de chaque prospect. Faites référence à leurs antécédents professionnels, leurs activités récentes ou leurs relations mutuelles pour établir une connexion et démontrer que vous avez pris le temps de rechercher et de comprendre leur situation.

Exemple:

Supposons que vous soyez une agence de marketing numérique qui s'adresse à des clients potentiels du secteur de la santé. Dans votre InMail, vous pouvez mentionner une récente conférence de l'industrie à laquelle ils ont assisté ou un article de blog qu'ils ont publié concernant le marketing des soins de santé. En montrant que vous avez un véritable intérêt pour leur travail et une compréhension de leur industrie, vous augmentez la probabilité de recevoir une réponse positive et d'évoluer vers la conversion.

B. Focus sur la proposition de valeur

Dans vos messages LinkedIn InMail, communiquez clairement la proposition de valeur unique de votre produit ou service. Mettez en évidence les avantages et les résultats spécifiques auxquels les prospects peuvent s'attendre en s'engageant avec votre offre. Cela aide à différencier votre solution de vos concurrents et donne aux prospects une raison impérieuse de considérer votre proposition.

Exemple:

Supposons que vous êtes un éditeur de logiciels proposant un outil de gestion de projet. Dans votre InMail, vous pouvez mettre l'accent sur la façon dont votre outil rationalise les flux de travail du projet, augmente la collaboration d'équipe et améliore la productivité globale. En mettant en valeur les avantages tangibles et en abordant les points faibles couramment rencontrés dans la gestion de projet, vous positionnez votre solution comme une ressource précieuse et augmentez la probabilité de conversion.

C. Appel à l'action (CTA)

Incluez un appel à l'action clair et concis dans vos messages LinkedIn InMail pour inciter les prospects à passer à l'étape suivante souhaitée. Qu'il s'agisse de programmer un appel, de demander une démonstration ou de visiter une page de destination spécifique, offrez aux prospects un chemin direct pour s'engager davantage dans votre offre. Un CTA bien conçu encourage les prospects à passer à l'action et facilite le processus de conversion.

Exemple:

Dans votre InMail, vous pouvez conclure avec un CTA tel que "**J'aimerais discuter de la façon dont notre solution peut vous aider à atteindre [objectif spécifique]. Planifions un bref appel à votre convenance. Êtes-vous disponible la semaine prochaine ?**" En proposant une action précise à entreprendre et en exprimant votre disponibilité, vous facilitez la réponse des prospects et vous rapprochez de la conversion.

D. Suivi et établissement de relations

LinkedIn InMail offre la possibilité d'engager des conversations et de commencer à établir des relations avec des prospects. Cependant, le processus de conversion nécessite souvent plusieurs points de contact. Faites un suivi auprès des prospects qui ont manifesté leur intérêt ou ont répondu à votre message initial. Poursuivez la conversation en partageant du contenu pertinent, en offrant des informations supplémentaires ou en répondant à toute question ou préoccupation qu'ils pourraient avoir. Construire une relation au fil du temps augmente la confiance et la probabilité de conversion.

Exemple:

Supposons que vous ayez envoyé un InMail présentant vos services de conseil à un prospect. S'ils répondent positivement ou montrent de l'intérêt, vous pouvez donner des informations supplémentaires, comme une étude de cas montrant comment vous avez aidé des clients similaires à atteindre leurs objectifs. Cela renforce votre expertise et démontre la valeur que vous pouvez apporter, en nourrissant la relation et en évoluant vers la conversion.

3. Annonces LinkedIn

Les publicités LinkedIn offrent de puissantes options de ciblage pour atteindre votre public idéal. Créez des campagnes publicitaires convaincantes qui résonnent avec votre marché cible et menez-les vers la conversion. Expérimentez avec différents formats d'annonces et messages pour trouver ce qui fonctionne le mieux pour vos objectifs spécifiques. Dans cette section, nous discuterons des stratégies permettant de tirer parti des publicités

LinkedIn pour optimiser votre entonnoir de vente et fournirons des exemples pertinents.

Stratégies pour les publicités LinkedIn

Pour tirer le meilleur parti de vos publicités LinkedIn et maximiser la conversion des prospects, envisagez de mettre en œuvre les stratégies suivantes :

1. Définissez vos objectifs publicitaires

Avant de lancer votre campagne publicitaire LinkedIn, il est essentiel de définir vos objectifs publicitaires. Quel objectif souhaitez-vous atteindre avec vos annonces ? Cherchez-vous à générer des prospects, à augmenter le trafic sur votre site Web, à promouvoir un produit ou un service spécifique ou à

accroître la notoriété de votre marque ?
En définissant clairement vos objectifs,
vous pouvez aligner votre campagne
publicitaire sur les résultats souhaités et
mesurer son efficacité.

Exemple:

Supposons que vous soyez une agence
de marketing B2B visant à générer des
prospects pour vos services de
marketing de contenu. Votre objectif
publicitaire pourrait être de diriger des
prospects qualifiés vers une page de
destination où les prospects peuvent
s'inscrire pour une consultation gratuite.
En définissant cet objectif, vous pouvez
structurer vos annonces et votre page
de destination pour encourager la
génération de prospects.

2. Adaptez le contenu de votre annonce à votre public cible

Pour engager efficacement votre public cible, il est essentiel d'adapter le contenu de votre annonce à ses besoins et à ses préférences. Rédigez des textes publicitaires convaincants et concevez des visuels accrocheurs qui résonnent auprès de votre public. Mettez en évidence la proposition de valeur unique de votre produit ou service et expliquez comment il peut répondre à leurs points faibles ou répondre à leurs désirs. La personnalisation et la pertinence sont essentielles pour capter l'attention de votre public et l'encourager à passer à l'action.

Exemple:

Supposons que vous soyez une entreprise SaaS proposant un logiciel de

gestion de projet aux petites entreprises.
Dans votre publicité LinkedIn, vous
pouvez souligner comment votre logiciel
simplifie la collaboration de projet,
rationalise les flux de travail et améliore
la productivité de l'équipe. En ciblant les
propriétaires de petites entreprises ou
les chefs de projet, vous pouvez mettre
en évidence les défis spécifiques
auxquels ils sont confrontés et
positionner votre logiciel comme la
solution à leurs problèmes.

3. Segmentez et testez vos annonces

Segmenter votre public cible et tester
différentes variantes publicitaires sont
des étapes cruciales pour optimiser
votre campagne publicitaire LinkedIn.
Divisez votre audience en segments en
fonction des données démographiques,
des intitulés de poste, des secteurs ou

d'autres critères pertinents. Ensuite, créez plusieurs variantes d'annonces pour chaque segment et testez leurs performances. Cela vous permet d'identifier les publicités qui résonnent le mieux avec chaque segment et d'affiner votre campagne en conséquence.

Exemple:

Supposons que vous soyez une plate-forme d'automatisation du marketing ciblant à la fois les petites entreprises et les grandes entreprises. Dans votre campagne publicitaire, vous pouvez créer différents ensembles de publicités pour chaque segment et tester des variations dans le contenu publicitaire, les visuels ou les appels à l'action. En surveillant les performances de chaque ensemble de publicités, vous pouvez recueillir des informations sur ce qui résonne le mieux avec chaque segment d'audience et ajuster votre campagne pour améliorer les conversions.

4. Suivre et analyser les performances de la campagne

Le suivi et l'analyse des performances de votre campagne publicitaire LinkedIn sont essentiels pour optimiser votre entonnoir de vente. Utilisez les outils d'analyse publicitaire de LinkedIn pour surveiller les indicateurs clés tels que les impressions, les clics, les conversions et le coût par conversion. Identifiez les annonces et les segments d'audience qui génèrent les résultats les plus significatifs et allouez votre budget en conséquence. Analysez en permanence les données et effectuez des ajustements basés sur les données pour améliorer l'efficacité de votre campagne.

Exemple:

Supposons que vous meniez une campagne publicitaire sur LinkedIn pour promouvoir une nouvelle plate-forme de commerce électronique. En suivant les mesures de performances, vous découvrez que l'ensemble de publicités A ciblant les commerces de détail génère un taux de clics et un taux de conversion plus élevés que l'ensemble de publicités B ciblant les entreprises de services. Grâce à ces informations, vous pouvez allouer plus de budget à l'ensemble de publicités A et affiner vos stratégies de ciblage pour capturer davantage de prospects qualifiés.

En mettant en œuvre ces stratégies, vous pouvez exploiter efficacement les publicités LinkedIn dans le cadre de votre entonnoir de vente, faire passer les prospects tout au long du processus de conversion et, finalement, réussir vos ventes. N'oubliez pas d'évaluer et d'affiner régulièrement votre campagne publicitaire en fonction des données et des informations recueillies, en vous assurant d'améliorer continuellement vos résultats.

Suivi et optimisation de votre entonnoir de vente

Pour garantir une amélioration continue, il est essentiel de surveiller et d'optimiser votre entonnoir de vente. Voici comment le faire efficacement :

1. Suivi des indicateurs clés

Identifiez les indicateurs clés pour suivre et mesurer les performances de votre entonnoir de vente. Ceux-ci peuvent inclure les taux de conversion, les taux de clics, les niveaux d'engagement et la qualité des prospects. Analysez régulièrement les données et prenez des décisions basées sur les données pour améliorer vos taux de conversion.

2. Tests A/B

Effectuez des tests A/B pour affiner vos messages, visuels et appels à l'action. Testez différentes variantes de vos pages de destination, publicités et campagnes par e-mail pour identifier les éléments les plus efficaces. Apportez des améliorations progressives en fonction des résultats pour optimiser en permanence votre processus de conversion.

3. Commentaires des clients et sondages

Sollicitez les commentaires de vos clients pour comprendre leur expérience tout au long de l'entonnoir de vente. Utilisez des sondages ou des conversations directes pour recueillir des informations sur leurs points faibles, leurs préférences et leurs domaines d'amélioration. Intégrez leurs commentaires pour améliorer le parcours client global et augmenter les conversions.

Résumé

Le chapitre 12 de "LinkedIn Sales Mastery : Libérer des prospects rentables et dominer le marché mondial" explore la puissance de LinkedIn en tant qu'entonnoir de vente, guidant les prospects du premier contact à la conversion. En optimisant votre profil LinkedIn, en vous engageant efficacement auprès des prospects, en tirant parti des fonctionnalités de LinkedIn et en surveillant et en optimisant votre entonnoir de vente, vous pouvez générer des conversions et obtenir un plus grand succès sur LinkedIn. Mettez en œuvre ces stratégies éprouvées pour optimiser votre processus de conversion et dominer le marché mondial sur LinkedIn.

FAQ

Q1 : Quelle est l'importance de LinkedIn dans le processus de vente ? LinkedIn joue un rôle crucial dans le processus de vente car il fournit une plate-forme permettant aux professionnels de se connecter, d'établir des relations et de générer des prospects. Avec son vaste réseau de professionnels, LinkedIn offre des opportunités inégalées pour cibler et interagir avec des clients potentiels.

Q2 : Comment puis-je optimiser mon profil LinkedIn pour attirer des prospects ? Pour optimiser votre profil LinkedIn, assurez-vous qu'il est complet, professionnel et qu'il met en valeur votre expertise. Utilisez un titre convaincant, incluez des mots clés pertinents et mettez en valeur vos réalisations et votre expérience. De plus, ajoutez une photo de profil captivante et interagissez avec du contenu spécifique à l'industrie pour renforcer votre crédibilité.

Q3 : Comment puis-je rechercher efficacement des prospects sur LinkedIn ? Utilisez les filtres de recherche avancés de LinkedIn pour cibler les prospects en fonction de critères spécifiques tels que le titre du poste, le secteur, l'emplacement et la taille de l'entreprise. Affinez vos recherches pour trouver les prospects les plus pertinents et tirez parti de LinkedIn Sales Navigator pour des fonctionnalités de recherche encore plus avancées.

Q4 : Quelles sont les stratégies efficaces pour interagir avec des clients potentiels sur LinkedIn ? Interagissez avec des clients potentiels en partageant du contenu précieux, en participant à des groupes sectoriels pertinents et en commentant les publications. Personnalisez vos interactions et démontrezunvéritable intérêt pour leurs besoins. Construire des relations grâce à un engagement significatif est essentiel pour convertir les prospects en clients.

Q5 : Comment puis-je tirer parti des groupes LinkedIn pour le réseautage et la génération de

prospects ?Rejoignez des groupes LinkedIn pertinents dans votre secteur ou votre marché cible et participez activement en partageant des informations précieuses, en répondant aux questions et en réseautant avec les membres du groupe. En vous établissant comme une ressource bien informée, vous pouvez générer des prospects et étendre votre réseau.

Q6 : Quels sont les avantages d'utiliser LinkedIn Sales Navigator ? LinkedIn Sales Navigator fournit des fonctionnalités de recherche avancées, des recommandations de prospects et des informations pour vous aider à trouver et à vous connecter avec vos prospects idéaux. Il vous permet de suivre et d'interagir avec les prospects plus efficacement, améliorant ainsi votre stratégie de vente globale.

Q7 : Comment puis-je créer un contenu convaincant sur LinkedIn pour attirer des prospects ? Créez du contenu qui répond aux points faibles et aux défis de votre public cible. Offrez des informations précieuses, partagez des exemples de réussite et fournissez des conseils pratiques. Utilisez une combinaison de formats tels que des articles, des vidéos et des infographies pour engager votre public.

Q8 : Est-il avantageux d'investir dans la publicité LinkedIn pour la génération de leads ?La publicité sur LinkedIn peut être très efficace pour la génération de leads, en particulier lorsqu'elle cible des industries ou des postes spécifiques. Le contenu sponsorisé, les InMails sponsorisés et les annonces textuelles sont quelques-unes des options publicitaires qui peuvent vous aider à atteindre un public plus large et à générer des prospects de qualité.

Q9 : Comment puis-je mesurer le succès de mes efforts de vente sur LinkedIn ? Suivez les indicateurs clés tels que les vues de profil, les demandes de connexion, l'engagement sur les publications et les conversions.

LinkedIn fournit des outils d'analyse pour vous aider à surveiller et à évaluer l'efficacité de vos activités de vente.

Q10 : Quels sont les moyens efficaces d'entretenir des relations avec les connexions LinkedIn ? Restez connecté avec vos connexions LinkedIn en interagissant avec leur contenu, en envoyant des messages personnalisés et en offrant un soutien ou une assistance le cas échéant. L'établissement de relations significatives favorise la confiance et augmente la probabilité de convertir les relations en clients.

Q11 : Comment LinkedIn Analytics peut-il m'aider à affiner ma stratégie de vente ? Les analyses de LinkedIn fournissent des informations sur les performances de votre contenu, les données démographiques de l'audience et les mesures d'engagement. En analysant ces données, vous pouvez identifier les tendances, affiner votre message et prendre des décisions basées sur les données pour optimiser votre stratégie de vente.

Q12 : Comment puis-je tirer parti des recommandations et des recommandations de LinkedIn pour renforcer ma crédibilité ? Encouragez vos relations à approuver vos compétences et à rédiger des recommandations pour votre profil. Ces approbations et recommandations servent de preuve sociale, renforçant votre crédibilité et établissant la confiance avec des clients potentiels.

Q13 : Comment puis-je utiliser LinkedIn pour étendre ma portée à l'échelle mondiale ? Rejoignez des groupes internationaux, connectez-vous avec des professionnels de différents pays et partagez du contenu pertinent pour un public mondial. S'engager avec un large éventail de professionnels peut vous aider à étendre votre réseau et à exploiter les opportunités commerciales internationales.

Q14 : Comment puis-je tirer parti de LinkedIn Pulse pour la distribution de contenu ? Publiez des articles sur LinkedIn Pulse pour atteindre un public plus large et vous établir comme un leader d'opinion dans votre secteur. Faites la promotion de vos articles sur d'autres plateformes de médias sociaux et interagissez avec les lecteurs pour susciter des conversations et générer des prospects.

Q15 : Est-ce que LinkedIn peut m'aider à trouver des partenaires de référence ou des collaborateurs ?

LinkedIn est une excellente plateforme pour trouver des partenaires de référence ou des collaborateurs. Recherchez des professionnels dans des secteurs complémentaires ou qui ciblent le même public. Engagez-vous avec eux, établissez des relations et explorez les opportunités de partenariat.

Q16 : Comment puis-je utiliser efficacement la messagerie LinkedIn pour le lead nurturing ?Personnalisez vos messages LinkedIn en fonction du profil et des besoins du destinataire. Évitez les messages génériques et concentrez-vous sur l'établissement d'un rapport. Partagez du contenu précieux, offrez de l'aide et planifiez des appels ou des réunions pour entretenir des prospects grâce à la fonction de messagerie.

Q17 : Quelles sont les meilleures pratiques pour entrer en contact avec des clients potentiels sur LinkedIn ? Lorsque vous vous connectez avec des clients potentiels, personnalisez toujours votre message d'invitation, expliquez pourquoi vous souhaitez vous connecter et mettez en évidence la valeur que vous pouvez apporter. Évitez d'envoyer des demandes de connexion génériques car elles sont moins susceptibles d'être acceptées.

Q18 : Comment puis-je tirer parti des pages Vitrine de LinkedIn pour un marketing ciblé ? Les pages Vitrine LinkedIn vous permettent de créer des pages dédiées à des produits, services ou segments d'activité spécifiques. Utilisez-les pour adapter votre messagerie et votre contenu à différents publics cibles, en fournissant un marketing plus ciblé et plus ciblé.

Q19 : Comment puis-je tirer parti des événements LinkedIn pour générer des prospects ? Créer et promouvoir des événements LinkedIn pour attirer des clients potentiels. Partager des informations précieuses sur l'événement, interagir avec les participants et utiliser l'événement comme une opportunité pour générer des prospects et établir des liens avec des prospects intéressés.

Q20 : Comment puis-je utiliser efficacement les recommandations LinkedIn dans mon processus de vente ? Demandez des recommandations à des clients satisfaits ou à des clients sur LinkedIn pour mettre en valeur la preuve sociale. Affichez ces recommandations sur votre profil pour renforcer votre crédibilité et influencer les décisions d'achat des clients potentiels.

Q21 : Quels sont les moyens efficaces de renforcer l'autorité et le leadership éclairé sur LinkedIn ?

Publiez du contenu précieux, engagez-vous dans des discussions sectorielles, participez à des groupes LinkedIn et partagez des informations issues de votre expertise. La cohérence et la fourniture d'informations précieuses vous aideront à vous établir comme une autorité de confiance dans votre domaine.

Q22 : Comment puis-je tirer parti de LinkedIn Sales Navigator pour suivre et gérer efficacement les prospects ?

Utilisez LinkedIn Sales Navigator pour suivre les prospects, recevoir des alertes lorsqu'ils interagissent avec votre contenu et accéder à des informations précieuses sur leur activité. Utilisez des fonctionnalités telles que les listes de prospects et les intégrations CRM pour gérer efficacement vos prospects.

Q23 : Comment puis-je utiliser efficacement les vidéos LinkedIn pour la génération de leads ? Créez des vidéos engageantes et informatives qui abordent les points faibles de votre public cible ou fournissent des informations précieuses. Partagez ces vidéos sur LinkedIn, optimisez-les avec des mots clés pertinents et encouragez l'engagement et le partage pour générer des prospects.

Q24 : LinkedIn peut-il être utilisé pour les ventes B2C ou est-ce principalement pour le B2B ? Bien que LinkedIn soit principalement connu pour le réseautage et les ventes B2B, il peut également être utilisé pour les ventes B2C. En fonction de votre public cible et de votre secteur, vous pouvez toujours vous connecter avec des clients potentiels, partager du contenu pertinent et générer des prospects.

Q25 : Comment puis-je tirer parti de la fonctionnalité "Les personnes également consultées" de LinkedIn pour la génération de prospects ? Explorez la section "Personnes également consultées" surleprofils de votre public cible ou de vos relations. Cette fonctionnalité peut vous aider à découvrir des prospects potentiels qui partagent des profils ou des intérêts similaires avec vos relations existantes.

Q26 : Comment puis-je utiliser les groupes LinkedIn pour m'établir en tant qu'expert du secteur ? Participez activement aux groupes LinkedIn en partageant des informations précieuses, en répondant aux questions et en fournissant des ressources utiles. Contribuez constamment aux discussions de groupe et présentez votre expertise pour vous établir en tant qu'expert de l'industrie.

Q27 : Comment puis-je générer des prospects via la publicité de contenu LinkedIn ? La publicité de contenu LinkedIn vous permet de promouvoir votre précieux contenu auprès d'un public ciblé. En proposant des ressources précieuses, telles que des livres électroniques, des webinaires ou des livres blancs, vous pouvez attirer des prospects et collecter leurs coordonnées pour un suivi ultérieur.

Q28 : Comment puis-je suivre le retour sur investissement de mes campagnes publicitaires

LinkedIn ?LinkedIn fournit des outils d'analyse et de création de rapports robustes pour suivre les performances de vos campagnes publicitaires. Surveillez les métriques telles que les impressions, les clics, les conversions et le coût par prospect pour mesurer le retour sur investissement de vos efforts publicitaires sur LinkedIn.

Q29 : Comment puis-je tirer parti de la fonctionnalité « Qui a consulté votre profil » de LinkedIn pour la génération de prospects ? Passez en revue les profils des professionnels qui ont consulté votre profil et identifiez les prospects potentiels. Contactez-les avec des messages personnalisés, mettant en évidence vos intérêts communs ou les opportunités potentielles de collaboration.

Q30 : Comment puis-je utiliser LinkedIn pour améliorer ma marque personnelle en tant que professionnel de la vente ? Partagez constamment du contenu précieux, dialoguez avec les leaders d'opinion de l'industrie et participez à des conversations pertinentes. Construisez un réseau professionnel solide et mettez en valeur votre expertise pour améliorer votre marque personnelle en tant que professionnel de la vente sur LinkedIn.